航天科工出版基金资助出版

砥砺前行的航天人

（第四辑）

中国航天科工集团有限公司　编

中国宇航出版社
·北京·

图书在版编目（CIP）数据

砥砺前行的航天人. 第四辑 / 中国航天科工集团有限公司编. --北京：中国宇航出版社，2019.11
ISBN 978-7-5159-1727-6

Ⅰ.①砥… Ⅱ.①中… Ⅲ.①航天科技－工程技术人员－生平事迹－中国－现代 Ⅳ.①K826.16

中国版本图书馆 CIP 数据核字（2019）第 290426 号

责任编辑　侯丽平　　封面设计　宇星文化

出　版
发　行　中国宇航出版社

社　址　北京市阜成路 8 号　　邮　编　100830
(010)60286808　　(010)68768548
网　址　www.caphbook.com
经　销　新华书店
发行部　(010)60286888　　(010)68371900
(010)60286887　　(010)60286804(传真)
零售店　读者服务部
(010)68371105
承　印　天津画中画印刷有限公司
版　次　2019 年 11 月第 1 版　　2019 年 11 月第 1 次印刷
规　格　710×1000　　开　本　1/16
印　张　15.5　　字　数　209 千字
书　号　ISBN 978-7-5159-1727-6
定　价　38.00 元

《砥砺前行的航天人》编委会名单

序　言

中国航天事业自1956年创建至今，已经走过了60余年的辉煌历程，发生了惊天动地的沧桑巨变：从无到有，从小到大，从学习模仿到自主研发，从单一装备到体系完备，从国之干城到民之卫士，逐步创建并探索出一条符合中国实际、具有中国特色的发展道路。

中国航天科工集团有限公司作为战略性、高科技、国家级创新型企业，始终牢记“科技强军、航天报国”使命，坚持服务国家发展战略、服务国防建设、服务国计民生，以技术创新、商业模式创新和管理创新谋求转型升级，构建了完整的防务装备技术开发与研制生产体系，在为我国国防现代化建设作出突出贡献的同时，积极投身于国民经济主战场，在商业航天、工业互联网、智慧产业等领域，取得了一系列重大成果，企业综合实力不断提升，为早日建成国际一流航天防务公司奠定了坚实基础。2019年，中国航天科工集团有限公司位列世界企业500强第322位、世界品牌500强第366位，连续12年在中央企业负责人经营业绩考核中位列A级。这些成绩的取得，得益于党中央、国务院、中央军委的正确领导，得益于全国人民的鼎力支持，得益于全体干部员工的不懈奋斗。

一项项成绩的背后，是近15万航天科工员工的智慧、激情、创新、汗水和日日夜夜的付出，这背后的故事应当走进我们心间，成为共同的记忆和鼓舞奋进的精神力量。

因此，中国航天科工集团有限公司决定，陆续集结出版《砥砺前行的航天人》，收集1999年公司成立以来各类报刊公开报道过的一线人员的事迹，忠实记录一代代航天人接续奋斗的深深足迹。本辑重点回顾了改革开放40年来集团公司及所属单位在各领域取得的实践成果和宝贵经验，讲述了一个个改革创新的奋斗故事。

岁月铭刻着奋斗的艰辛，历史映射出精神的光芒。透过一个个先进模范攻坚克难的真实故事，我们不仅可以看到航天科工积极投身改革创新的火热实践，还能感受到一线人员朝气蓬勃、奋发向上的精神风貌，更能体会那股“不服输、敢创新，顾大局、讲协同，重实干、比贡献”的精神禀赋。

梦在前方，路在脚下。推开新时代的大门，建成具有全球竞争力的世界一流企业的美好蓝图在激励我们奋斗。中国特色社会主义进入新时代，航天科工就要有新气象、新作为，奋力走好新时代的长征路。历史只会眷顾坚定者、奋进者、搏击者，而不会等待一切犹豫者、懈怠者、畏难者。希望此书能激励更多航天员工不忘初心、牢记使命，在追寻强国梦、航天梦的生动实践中放飞人生梦想，在不懈奋斗中书写人生华章，在星辰大海的见证下，携手向着“探索浩瀚宇宙，发展航天事业，建设航天强国”奋勇进发……

目　录

长剑行　中国梦

——中国陆基巡航导弹研发历程记

刘一丹　刘　铭　刘华英

一腔热血铸长剑，几经磨难。巡航梦，殚精竭虑，卧薪尝胆。

英雄无悔英雄志，神剑有情神剑寒。何须问，克千难万险，日夜盼。

壮三军，心愿偿；展雄风，阅兵场！惊天地，雄踞山川海疆。

百发百中打得赢，百战百胜强中强。倚天剑，能劈波斩浪，射天狼！

引　子

——“中国人自己的”，自己的梦要靠自己去描绘，自己的梦要靠自己去实现，这是航天人对“中国梦”的独特诠释。

1991年，海湾战争爆发。

战斧巡航导弹首次亮相：超低空飞行、隐身突防、“点穴式”精确打击、千里奔袭、斩首破敌……一时间，震惊全球！

“我们也要有自己的巡航导弹！”

但是，搞巡航弹，谈何容易?!

强大的人力、物力需求，巨大的技术落差。这对当时的中国来讲，简直是白日梦！

当时的国家领导人坚决表态：“这种导弹我们一定要搞。”随即，一支以中国航天科工集团公司三院为牵头研制单位的“国家队”悄然集结，巡航导弹研制大门紧急开启。

“只要国家需要，我们就是拼了命也要上!”巡航导弹武器系统总设计师刘永才带着他的团队义无反顾地踏上了逐梦之旅……

十几年后在天安门广场上，身披迷彩战衣的陆基巡航导弹惊艳亮相，中国一举成为继美、苏/俄之后，第三个拥有自己的巡航导弹的国家，令世界震惊。

跟每一位经历过那段难忘岁月的人一样，坐在阅兵观礼台上的刘永才心潮翻涌。这一刻已期待太久，“中国人自己的!”这简单的六个字，他们追逐了太久；从无到有，中国巡航导弹武器研制的蓝图，他们描绘了太久……

绘　梦

——“中国也要有自己的巡航导弹!”承载着航天人“放飞神剑，收获和平”的强军梦，他们启航了。

早在20世纪70年代，随着美、苏着手研制巡航导弹，中国航

天人就已开始了对相关前沿技术的跟踪和研究，巡航梦已在心中悄然孕育。

“中国也要有自己的巡航导弹”，这无疑是一声嘹亮的集结号，国家需求与三院型号发展高度契合，这一号令让航天人心中的巡航梦瞬间点燃，吹散了众多的质疑！

盛夏的北京，中国巡航导弹研制思路逐渐清晰。

说干就干！干就要干成、干好！

三院借鉴飞航导弹研制的经验，大胆创新，科学预测未来武器装备发展趋势，以卡脖子的关键技术为突破口，提出了一套瞄准当时国际先进水平的预研方案。

全新的型号，技术新、难度大，可继承的太少，可借鉴的更少，只剩下自主创新一条路！由于技术封锁，一切都要从头开始。三院组建了一支数百人的研制团队，其中30岁左右的年轻人就占了三分之二，经验奇缺。新的技术，新的队伍，搞怎样的巡航导弹？怎样搞成自己的巡航导弹？仅靠三院的力量太过单薄，必须全国大协作，成立国家队。

一支由航空、航天、航海、电子、测绘、遥感、材料、光学等多个领域的近百家单位、数十所高等院校共同参与的研制团队迅速组建。按照钱学森系统工程理论及方法，由三院牵头，其余单位分工协作，向着同一个目标联合攻关、共同进发！

于是，一场全国大协作展开了。总体联合论证组、专题攻关组、核心专业研究队伍纷纷成立，通过产、学、研、用相结合的模式，加强巡航导弹预先研究。

“巡航导弹研制初期最大的两座大山，一个是发动机，另一个是惯导”，时任型号总师助理杜总回忆。

先有“机”后有“弹”是巡航导弹研制的基本要求，这里的“机”是指某小型发动机。时任发动机分系统研究所负责人的老张说：“这些关键技术只能靠自己，要搞巡航导弹，我们就必须尽一切努力把这块硬骨头给啃下来。”

可这又谈何容易！

要知道，早些年在论证这种发动机时，国内有关部门已经给出过明确的结论：花 10 个亿，搞 10 年也不敢保证一定能搞成。

航天人说：我们就要啃硬骨头，狠下心来，一定要搞成！

应研制需要，发动机研究所专门成立了该型发动机总体研究室。没有过多经验借鉴，单纯依赖外界专家行不通，他们就狠下心来“自己解决难题”。面对极有限的外文参考资料，刚刚参加工作的新人，捧起字典从语言开始学。

发动机都是“试”出来的，在技术攻关的同时，试验台也迅速筹建起来。经过不断分析、试验，萌发了大量“基于科学试验验证后的创新”，多项关键指标先后被攻克，突破了一系列技术难题，我国一跃成为世界上第三个拥有这种发动机的国家，为研制巡航导弹扫清了关键障碍。

惯导系统研制也是一路坎坷。

当时的惯导技术水平远远不能满足研制需要，要在短时间内拿出产品，绘制图纸是第一步。今天的计算机绘图软件已经足够强大，然而，面对当时数量奇缺的“286”电脑，研究室罗主任选择了手绘的方式完成图纸绘制。正是在这种艰难的情况下，第一套原理样机很快就诞生了。

设计师小徐回忆，最忙的时候，大家在实验室里连续奋战 4 个通宵，实在累了困了就躺在冰冷硌人的实验桌上睡一会儿。后来，为了应对经常性的通宵奋战，就买了一张折叠式行军床。从此，行军床就成为研制队伍中的一件“标准装备”，这个传统一直保持到现在。

此后，惯导系统研制团队一鼓作气，解决了世界性技术难题，使我国巡航导弹用惯导系统达到世界先进水平。

与此同时，总体和分系统多项关键技术攻关相继突破，一次次成功让理想与现实间的差距越来越小。

中国的巡航梦，鸣响了汽笛。

筑　梦

——构筑巡航梦，不唯有心愿，更要有钢筋铁骨。刘永才用切除了四分之三的胃，数万名科技人员用多年的辛勤付出，就是要换来70%的新技术。啃硬骨头的人比骨头更硬！

航天型号研制有一个规律，新技术不要超过30%，否则，研制风险会大幅增大，研制压力会难以承受，成功概率会大幅减小。

巡航导弹却让这一规律完成了一次华丽的逆转——超过70%的创新！

与当年研制成功“两弹一星”一样，要有“中国人自己的”，航天人争的就是这口气！

要想跻身世界前列，掌握核心技术，必须自主创新。而在当时，70%的新技术对于年轻的团队来说，几乎是没有任何基础，一切从零开始。

创新总是伴随着艰难和痛苦。

研制团队按照“先学楷书，再学草书”的总体思路：按部就班、沉下心来吃透可借鉴的技术，再走新路。

尽管困难重重，但研制团队没有一丝松懈，在老前辈的带领下，血气方刚的年轻人干劲儿十足。

某核心技术攻关之初，团队下决心要为中国人争口气。不靠“洋拐棍”，要自力更生，可这谈何容易！

方案技术负责人老汪忙起工作来几乎“不要命”。在一次车祸中，他被撞伤住进医院，手术后躺在病床上，仍惦记新设备的研制和调试。腿伤尚未痊愈，便一瘸一拐地上班了。连续超负荷工作让他的身体极度虚弱，累得晕倒在办公室。再次住院时，恨自己的身体不争气，他急得直掉眼泪……终于，仅花费不到国外报价5%的经费，老汪和同事们就全面掌握了该项技术。

研制攻关夜以继日，与此同时，紧张的国际形势让研发工作再次“提速”。

1999 年，正值型号研制关键时期。5 月 8 日，以美国为首的北约集团悍然轰炸了我国驻南联盟大使馆！

消息传来，举国愤慨。危难时刻浓浓的爱国情感使整个研制团队义愤填膺！爱国心和危机感再次警醒大家：要以最快的速度、最好的质量，尽早拿出一招制敌、好用、管用的武器！

也许是愤怒聚集成体内巨大的能量，也许是太需要一次成功了，那一天，试验台上，发动机第一次寿命考核试验进行得异常顺

利，研制工作迈出了一大步。

为了突破多项关键技术，这支“特别能吃苦、特别能战斗、特别能攻关、特别能奉献”的队伍开始了“近乎疯狂”的攻关，冒严寒、历酷暑，千里关山飞渡，漠北南疆纵横。

这期间，他们进行了大量的地面科学试验，攻克了几十项关键技术，打通了多条研制短线，各系统性能有了质的飞跃。

超级颠簸、巨大噪声、刺鼻的燃油气味……在一次次的机载试验中，队员们逐渐摸清了登机“标准配备”：背包＋塑料桶。背包用来装操作的设备，塑料桶用来装体内“贡献”出的“多余物”——试验时飞机摇晃得厉害，人的五脏六腑都跟着晃动起来。通常，一个试验下来，每个人都会吐五六次，有人甚至把胆汁都吐出来了。某系统机载试验队技术组王组长对此印象最为深刻。他说，到最后，实在挺不住，技术人员干脆躺在机内甲板上读数据。

为了保证低温考核效能，某系统带飞试验在北方某城市冬季最冷的时候进行。那里，白天气温几乎到了零下 30 摄氏度，虽然大家都裹得严严实实，但很多人的耳朵还是被冻伤了。晚上，为防止飞机部件被冻坏，没有飞机牵引车，重达十余吨的试验飞机只能靠三十几个人推进库里。昏暗的天空，大雪纷飞的机场，年近 60 岁的总师跟队员一起，举步维艰地推着飞机前行，那一幕近乎“力拔山兮气盖世”的悲壮，至今令人记忆犹新。

在各系统研制工作紧锣密鼓进行的同时，总装厂几十年的技术积累和管理模式也面临着巨大挑战。按照巡航导弹研制生产全新的设计理念，大量的新技术、新材料和新工艺横亘在大家面前，这给当时设备条件还十分简陋的老厂提出了全新课题。

国防大学培训班学员来总装厂参观后，留下了一句“你这里不像搞导弹的，倒像是修自行车的”。后来，军方人员也坦言，当时的条件简直是一个乡镇企业的状态。很难想象，这样的工厂能造出国家急需的先进武器。

“当时，几乎每往前走一步都是一道坎，但是通过巡航导弹的研制生产，我们建立起了新的技术和管理体系。”时任总装厂技术处长的小邹深有感触地说。

即使经历痛苦的管理调整与结构升级，但能够赶上难得的发展机遇大干一场，还是让每一个总装人为之振奋。那年冬天异常寒冷，凌晨 3 点多，总装厂小李和设计员小齐一起走出总装分厂的大门时，刺骨的冷风夹着鹅毛大雪扑面而来，大地一片银光，两人推着自行车并肩而行。“只有完成了一天工作后的那种轻松与自豪，这情形和感觉至今都使我记忆犹新。”小李说，这也让他们忘记了冬夜的寒冷和路途的漫长。

在某项技术攻关机载带飞试验中，技术负责人冯总腿上长了脂肪瘤，术后第三天就一步一拐地上了飞机……“从没见过你们这样拼的人，不愧是干航天的。”看到这一幕，当时的机场负责人说道。

研制团队“领头雁”刘永才的胃部曾经做过四分之三的切除手术，后又因吻合口溃疡，多次出血。在一次试验时，胃部再次出血，生命垂危，军方用直升机火速把他送回北京抢救。在鬼门关上转了一圈儿的刘永才，又忘记了医生的嘱托，一心扑在工作上。在型号研制期间，曾连续三次在换季时，消化道出血。但是为了心中的梦想，他依然废寝忘食地领着大家拼命干。一次在试验场，他随试验基地和部队领导去看望驻守戈壁深处的参试部队，路上不幸翻车，他的右锁骨和两根肋骨骨折。大家都希望他能够回京好好养伤，可他坚决不同意。最后，硬是裹着纱布、扎着绷带，坚持工作到试验任务结束。

伴随着创新的苦楚与煎熬，巡航团队啃下了一个又一个“硬骨头”，攻克了一道又一道难关。在困难面前，他们从没有退缩过，而是选择了更加努力地攀登。

惊　梦

——中国真能搞出自己的巡航导弹吗？试验初期频频失利的阴影，不断拷问着年轻的研发团队。我们期盼着梦想早日照进现实，可那一缕阳光究竟在哪里？

随着一声长鸣，承载着巡航团队希望的专列驶离了站台，驶向某试验基地。在中央领导和部队首长的高度关注中，巡航导弹的试验弹进场了。

当专列缓缓停靠在站台的时候，震天的锣鼓响彻云霄，迎接的队伍蜿蜒数百米，战士们忘我地舞动，满怀着对国家尖端武器的憧憬，期盼之情溢于脸上。

全体试验队员平生第一次经历这样隆重的欢迎礼遇，脚步都迈不开了。

可这兴奋劲儿持续了没几天——在大家的期盼中，试验准备却连连遭遇挫折。

几经周折，终于完成了导弹的所有测试，万事俱备，只差导弹装箱之时，意想不到的事情却发生了：导弹竟然装不进发射箱。

教训深刻。经过彻夜奋战，研制人员终于找出了原因，最终将导弹装进了发射箱。此时已经进场 3 个多月了。

飞行试验的日子到了。

第一发，检验达到了预期目标。

第二发，导弹起飞，一切正常。可是时间到了，却没有看见助推器分离，大家的心里不禁涌上了一丝寒意。就在这时，远处突然发出“嘭”的一声巨响，空中升起了黑色的烟云……

最终，试验交出了并不圆满的答卷。虽然试验达到了预定的目标，但先后出现的故障与大家期望的圆满成功落差太大，酸楚一阵阵涌上人们的心头。时任型号副总师老周说：“我们当时面临的压力真可以说是乌云压城。”

那一年，团队成员度过了一个难忘而苦涩的春节。

基地的各种议论让每一个试验队员的心里都如同压上了一块巨石，几乎抬不起头来。

“进场半年，没成一发，他们行吗？”

“这么大的一个型号，搞成这个样子，是要负法律责任的！”

……

作为型号总师，刘永才面临着常人无法想象的压力，国家迫切需要巡航导弹，所以期望值才会那么高，但结果却如此不尽人意。每次谈到这里，老人都潸然泪下。“就算撤了我的职，我也要拼了命去搞巡航导弹！”他说。

利害面前，他没有考虑太多个人的得失，而是苦苦找寻试验失利的原因。

研制时间太短了，有些时候为了赶进度，不免仓促。队伍太年轻了，其中一大半都是年轻人，经验相当不足。还有，管理亟待提升，这从试验队一进场就一步一坎，好不容易才过了基地“宇航级”严格管理的关，可见一斑。

科学面前来不得半点马虎，任何小概率的问题都不能放过，这几发弹暴露的问题就是最好的例子。科学的问题还要用科学的态度和手段去解决。刘永才说：“科学的问题，你糊弄它，它可不糊弄你，你没做到位，它迟早要找你麻烦。”

因为助推器没有分离，50多岁的电气系统主任设计师老许抱着捡回来的设备残骸老泪纵横，当即立下了一天不解决问题就一天不剃胡子的誓言。

时任某技术负责人的小李对于导弹没有执行既定指令，说了一句令在场的人终生难忘的话：“这件事的教训，我记一辈子！”

还有更多的人将泪水和誓言悄悄地藏在心底：一定要打场翻身仗！

问题这么多，看来整顿势在必行。

队伍从试验场回来不久，一次重要的会议在北京郊区举行。会上，按照使用方跨越一个研制阶段的决定，研制人员调整了后续研制工作的思路，并对后续的任务计划做出明确的责任认定。

“那可是巡航导弹研制历程中的‘遵义会议’。”时任副总师老胡后来不止一次地提到这次重要的会议。

从此，试验队在时任三院院长高红卫、总指挥曹建国和总师刘永才的带领下，从彻底吃透技术和苦练管理硬功夫入手，开始了一年多的艰难“整改”。

追　梦

——中国一定会有自己的巡航弹！困顿中，这坚定信念，激励着整个团队执着向前，一路追赶飞跑的梦想，一棵“成功树”正在所有巡航弹研制人员的内心深处悄然长成……

“活着干，死了算”是刘永才的口头禅。那时，他顶着巨大的压力，带领大家没日没夜地干。他说：“虽然遭遇了挫折，但是我们从科学研究的角度看，研制已经迈出了重要的一步，后面的目标也很明确，我们唯一要做的就是低着头、弯着腰，卧薪尝胆、埋头苦干。”于是，他们基本上没有了周末，连春节也只休息了两天。当时负责巡航导弹研制的型号部门，每天下班都是深夜两三点钟。院型号处张处长说：“大家都憋着一股劲儿，就是要把巡航导弹干出来!”

“归零的时候只要遇到问题，随时随地开技术协调会：试验台、露天外场、操作台边，大家围蹲成个圈儿，摊开图纸就讨论半天，这样的圆圈儿会不知开了多少次。”时任发动机型号调度人员这样回忆。

就在这时，型号处小吴的女朋友为他办好了出国手续。但型号正处在艰难时期，他已经付出了太多太多，舍不得离开……刘永才介绍说，最终小吴做出了一个痛苦的抉择：选择巡航导弹，放弃爱情。

随着整顿工作的深入，硬件的问题越来越少了，但软件的质量控制问题渐渐浮出水面。总指挥曹建国委托老胡，一定要让弹上所有软件都合乎技术要求，巡航导弹要有一流的神经系统。

于是，软件代码走查的工作被提上了议事日程。

2002 年元宵节刚过，老胡将软件设计人员、系统设计人员、总体人员、分系统人员、测评人员及外请专家聚集在一起，把一个招待所顶层包下来，对所有软件逐行分析。

在两个多月的时间里，他们把弹上所有软件逐行逐字都过了一遍，每天都能发现数十个问题，每天都要进行软件的讲评，一共找出了几百个问题。之后，他们又加班加点，同步修改完善和确认，并进行了测试和检验。

这是一次彻底的检查，从此，在巡航导弹的后续研制中，再也没有发生过因为软件问题而影响飞行试验的情况。

2003 年春天，“非典”来袭，一时间，白色恐怖令人紧张地喘不过气来，研制人员面临着生死考验，但是型号研制的脚步并未因此停止。试验前，大家都对自己进行严格消毒，戴上口罩，每人间隔 3 米以上开展协调。

“当时北京是重灾区。京外某所的人为了配合研究工作，连夜开车进京，大路不让走，只能走小路。白天处理完产品后，又连夜返回西安，随后进行隔离。现在想起来，心中还是不免升起无限的敬意。”时任某技术负责人小刘说。

其实，“整顿”期间，考验的不仅仅是技术，他们在管理上也经历了一次“涅槃”。

第一次进场时，基地的“宇航级”管理让大家受到了强烈震撼，深刻认识到自身的差距。在时任院长高红卫的带领下，研制团队下决心要练好基础管理这个“硬功夫”，不轻易放弃任何一个问题，穷尽所有办法，“打破砂锅问到底”。

一次振动试验时出现紧固件脱落，有多余物。这个问题引起了高红卫的警觉，他要求举一反三，对全弹进行一次查找多余物的“系统体检”：对所有紧固件，哪怕是螺钉、螺母，都要进行一次全面筛查。在以后的研制中，几乎没有出现过类似的问题。也是从这一次开始，研制人员在生产过程中关口前移，将多余物检查写在了型号研制质量体系文件中。

“不能带着问题上天”。为了保证地面和飞行试验的真实、充分、有效，型号两总独创性地提出“天地一致性”分析，即真实性、覆盖性分析。通过分析，对各个环节是否通过了试验验证、条件是否真实、试验是否充分、状态是否到位等方面都要心中有数。对试验未能覆盖的环节，也要以现有试验数据展开深入的风险性分析，采取针对性措施来规避。此项工作贯穿于后续型号研制的全过程，对飞行试验的成功至关重要。

与此同时，一系列规章制度和管理方法相继出台：首次系统地试行软件工程化管理，规范软件研制程序，显著提高了软件产品的设计水平；首次系统地采用可靠性工程管理方法，有效提高了产品的质量与可靠性；采取集中办公、现场办公、专题协调会等形式，及时高效处理技术问题，大大提高了工作效率。

结合型号特点，团队逆向思维，创造性地提出了“一次成功技术保障分析”的思想与工作方法，被形象地称为“成功树”。

在“成功树”提出前，型号试验更多使用“故障树”分析法，试验失利后顺着枝干反推原因，查出“元凶”，复现故障后再加以改进。这种方法如同高考时的“复读”，往往会付出更多的成本。

这棵“成功树”就是以“一次成功”为顶事件，对导弹设计生产试验全过程的每个流程、环节、影响因素及控制因素等进行深入分析，采取有针对性的措施。确保飞行试验过程中系统、分系统、设备成件的每一级产品，在每一个工作流程、环节，都工作正常、可靠，达到飞行试验“一次成功”的目的。“成功树”减少了研制过程中的反复次数，缩短了研制周期，节省了大量时间及研制经费。

如今，这棵“成功树”已在整个航天型号研制中扎根。刘永才后来多次提到，“整顿”期间形成的一系列管理“经典之作”，拉开了精细化、系统化管理的大幕。

在技术和管理这“两驾马车”的驱动下，研制工作快速推进。

那年暮春时节，试验团队再次集结，奔赴试验前线。

在去试验场的列车上，总指挥曹建国对身边的人说，火车怎么开得这么慢，你们跟司机说说让火车开快些吧。而按捺不住激动心情的刘永才则面对戈壁大漠，豪迈地呼喊：“我们又回来了！”

车上的每个人都在心里默默较劲：我们一定要打好“翻身仗”，拿出国家的“争气弹”！

圆 梦

——巡航梦，强军梦，航天梦，中国梦……大漠捷报传四海，长河喜讯催人醉。“成功树”结出的果实是一个句号，更是一个叹号！

盛夏的戈壁滩上，近40摄氏度的高温，这熟悉的炙烤让大家又爱又恨。

即便如此，准备工作仍有条不紊地进行着。近两年的整顿让整个团队脱胎换骨，“导弹不发射、按钮不按下、复查不停止。甚至在试验前几秒，复查工作还在进行。”这样的管理要求被沿用至今。

早上8点整，指挥大厅里传出了指挥员清晰的指令：试验进入“零点”计时，“10、9、8、7、6、5、4、3、2、1，点火！”

只见导弹拖着一股橘红色的火焰，呼啸着飞出了发射筒，钻到了云层里。

指挥大厅一片寂静，似乎每个人只能听到自己的心脏“砰砰”地在跳动。

“遥测跟踪正常……第一阶段飞行正常……第二阶段飞行正常……”

热烈的掌声伴随着每一次播报，不停地在指挥大厅响起。

导弹沿预定航迹飞行了一圈又一圈，转过一弯又一弯，掌声一次又一次响起……

终于，大厅里传出了指挥员激动而又果断的声音：“成功!”飞行距离大大超出指标，试验圆满成功!

指令出，箭离弦；蛟龙舞，腾烈焰。中靶心，喜泪遮蔽双眼!

顿时，整个试验基地沸腾了！人们激动地欢呼着，雀跃着，相互拥抱，泪流满面……

当时，这发“爱国弹”创造了中国导弹武器发展史上的多个之最，中国巡航导弹的研制取得了重大突破。

庆功宴上，因胃病早已滴酒不沾的刘永才毫不犹豫地端起了酒杯，望着多年来与自己埋头苦干的战友，满脸通红，嘴唇颤抖，激动的泪水在眼眶中打转，“咱们这几年的辛苦没有白费……”，话没说完，就哽咽着再也接不下去了。

这是辛酸的眼泪，是喜悦的眼泪，是成功的眼泪，也是希望的眼泪。刘永才和他的团队在泪光中收获喜悦和胜利。

喜极而泣的时候，一路走来的艰辛如电影片段在每个人的眼前一幕幕、一段段不停地跳跃、闪现……

大家还记得，累倒在外协路上的发动机设计师刘滨生，连和家人同事说一声“再见”的机会都没有，便将责任和忠诚化作了永恒。

记得亲历全部试验场飞行试验的发射车主任设计师小汪，36 岁生日那天，为确保发射，爬上高高的发射箱取导线，设备箱口的棱边在他的胸前划出道道血痕。

记得“非典”时期，因来自北京，试验队员在饭菜刚刚端上来便被老板“请走”的狼狈经历；记得在连夜赶赴带飞试验机场时，有个刚出生的“小航天”便有了“小岭子”的珍贵乳名；还记得在那寒冷的海滨，一夜攻关后在车轮上迎来的新年钟声……

“庆功宴结束后，我看见我们的总师泪流满面，我们的副总师泪流满面，我们的主任设计师泪流满面……”研发队员在日记中写下了这一幕。

“那天晚上大家太兴奋了，好多人都流出了热泪，互相拥抱，互相祝贺，大家高兴得把基地的酒全都喝光了。我搞了一辈子导弹，参加过那么多型号试验，这一次是我最激动、最难忘的。”已经退休多年的老刘感慨地说。

这是我军武器装备建设的重大成果和重要里程碑。

“这次成功，一扫军工行业的阴云。”时任总装备部部长回忆道。

“我毫不怀疑，我们很快就会有我们自己的巡航导弹”。时任军委副主席高兴地评价道。

在之后的日子里，巡航导弹研制团队高歌猛进，取得了最后考核试验的圆满成功，研制出了中国的巡航导弹，使我国一举成为继美、苏/俄之后自主研制、生产和装备巡航导弹的国家。

今天，一个强大的巡航导弹家族正在形成。在成功研制出陆基巡航导弹之后，中国航天科工集团有限公司三院经历了一次“凤凰涅槃”：在技术创新、管理提升和整体建设上实现了大幅跨越式发展，探索出一套行之有效的国家大型号研制模式，成为培育中国巡航导弹的摇篮。当前，正在全力以赴打造“可上九天揽月，可下五洋捉鳖”，纵横海天、叱咤寰宇的强大巡航导弹家族，以其雷霆万钧、蹈海凌霄之势，捍卫国家陆海空天整体安全，为中华民族复兴再筑一道新的万里长城。

通过巡航导弹的研制，这辆巡航技术“火车头”直接带动了导弹总体、飞行力学与控制、精确制导等多个专业快速发展。首次使用大量新技术，引领光电探测、结构材料、微处理计算机等基础科学和工业快速发展，大大提高了中国制造的整体水平。

美国国家航空航天局前局长迈克尔·格里芬曾说："最让人羡慕的不是中国航天取得的成就，而是现在的领军和主导中国航天的这些人太年轻了，他们会创造出更骄人的成绩。"

据不完全统计，从这个优秀的团队里，走出了1位中国工程院院士、5位国家重点型号总设计师、16位副总设计师。而且，团队的平均年龄才40出头，最小的都到了"90后"。这个巡航团队成为既出成果又出人才的典范，并投射出了整个团队的精神底色：爱国、求实、创新、奉献。

2009年10月1日，中国的巡航导弹方队庄严地经过雄伟的天安门广场接受检阅，世人惊叹中国有了一招制敌的精确打击武器。

2013年1月18日，巡航导弹研制团队荣获首批国家科学技术进步奖（创新团队），被树为国家级的先进典型，这也是全国企业界唯一的获奖团队。

今天，我国的巡航导弹不断增加着新成员，充实着大家族。每次试验时，它们如同金梭、银梭一般，穿行于华夏大地壮丽河山之间，编织着强军梦，支撑着中国梦，呵护着每个华夏儿女筑梦、追梦、圆梦……

空天利剑从这里诞生

万东明　钱晓虎

永定路位于北京西郊，全长不到 4 千米，因东北方向是永定河而得名。在中国航天科工集团有限公司二院人心中，这条路与浩瀚空天紧密相连。

1956 年 10 月，中国第一个导弹研究机构——国防部第五研究院正式成立。仅仅一年后，国防部第五研究院二分院在永定路应运而生，而这也是中国航天科工集团有限公司二院的前身。从那一天起，永定路便与“二院人”结下了不解之缘。

这里是祖国利剑诞生的摇篮，这里是铸造空天神盾的沃土。从 1957 年到 2018 年，一代代“二院人”肩负国家民族的重托，敢于有梦、勇于追梦、勤于圆梦，谱写出祖国空天防御事业的壮丽篇章。

国之勇在于剑，国之强在于盾。多年来，“二院人”率先完成我国多型导弹武器系统的研制工作，树起了我国地空导弹研制史上一个个重要里程碑。

追随真心，无问西东。经过数次的修缮，你可能早已无法在永定路上寻觅那段峥嵘岁月的痕迹，但航天人强军报国的精神情怀一直在“二院人”心中传承。为了铸造大国利剑，他们一路风雨，一路砥砺前行。

“拼了命也要把导弹送上天”

耄耋之年的钟山院士一有空，便会在二院门前的永定路上走一走。

“当年，我们就是从这条路走进二院，开启了导弹研制人生。”20 世纪 50 年代末，作为哈军工优等生的钟山，和从全国选调来的青年学子一道进入二院，投身我国导弹研发事业。由于使命责任重大，钟老那代人备感自豪。

“自从他们来了，这些办公楼经常通宵都是灯火通明。”一位在永定路上生活了几十年的老人回忆，“虽然当时不知道这些人到底在干什么，但大家心里明白，这是在干大事。”

新中国成立初期，我国防空力量薄弱。尽快拥有属于我们自己的防空利剑，成为当务之急。当时，新中国百废待兴，摆在“二院人”案头上的这张“白纸”，需要他们用青春、智慧和热血描绘。

当时工作条件极其艰苦，不少设备都要自主设计，甚至装备的尺寸都要手绘。“大伙都憋着一股气，拼了命也要把导弹送上天。”为了争分夺秒地赶进度，很多科研人员一天只睡三四个小时，往往是累倒了爬起来再接着干。

随着一枚枚导弹升空，我国实现了自主研发导弹“零”的突破，空天防御力量明显增强，但这与当时世界先进水平尚有一段距

离。随后，二院受领新一代空天防御导弹系统的研发任务。

对整个研发团队来说，他们既要攻克研制技术难关，还要保证整个系统的可靠性，这是一个不小的挑战。“只要敢尝试，就没有过不去的‘坎’。”钟老带领团队攻坚克难，不仅成功破解了难题，而且形成了一系列可行性的经验做法。

破局成长，逆境飞扬。一代代“二院人”不断继承和发扬“自力更生、艰苦奋斗、大力协同、无私奉献、严谨务实、勇于攀登”的航天精神，创造了一大批国际领先的空天防御技术。如今，由他们研发生产的多型防空武器系统，不仅列装部队，而且远销海外，获得了用户的一致好评。

“没有工匠精神，就不可能打造航天人的‘金字招牌’”

每天一早，王保森都会走到车间的一台老旧小车床旁，将一块废料安上，一手比对刻度调整参数，一手操纵摇把。只见废料打着转儿从原材上落下来，不一会儿，一个似螺丝钉的物件“脱壳”而出。

这看似简单的操作，却凝聚着王保森40年如一日的付出。

“导弹的零部件需要大量的车削加工，如果工艺‘差之毫厘’，那结果必将‘谬以千里’，必须保持一种精益求精的态度。”虽然已是航天科工集团首席技师，但王保森做事态度一贯严谨细心。

20世纪80年代，王保森退伍后，抱着航天报国的愿望投身航天事业。当他准备施展能力与才华时，等待他的却是一份普通的磨刀工作。

当时王保森认为这份工作太没技术含量，然而在一次次实践中，他发现这项工作并不容易，一定程度上决定导弹的装配质量和发射的成败。从那之后，王保森开始潜心苦练这手绝活。

坚持把简单的事情做好就是不简单，坚持把平凡的事情做好就是不平凡。在平凡中做出不平凡的坚持，让王保森找到了成功的秘诀。

某型号油缸凹凸球之间的精密要求很高，而当时的机床加工精度有限，团队试了几次都无法克服误差缺陷。为此，王保森专门改进了数控车床的程序编制，摸索出一套专用的刀具修磨技术，最终达到了凹凸球尺寸和精度的双重“苛刻”要求。经测量，他加工的成品精度甚至高于设计精度。

“没有工匠精神，就不可能打造航天人的‘金字招牌’。”记者在采访中得知，二院有很多大国工匠，更有不少以他们名字命名的工作室，他们是工匠精神的传承者，也是提升产品质量和生产效益的加速器。

“马景来工作室”是以全国五一劳动奖章获得者马景来命名的班组。这个班组人数虽然只占全车间总人数的10%，但每年完成的任务量却占车间总量的20%，其中全国技术能手、首席技师、特级技师，比比皆是。

“没有师父的倾心传授，就没有今天的我。”中国航天科工集团有限公司高级技师曹彦生，被誉为导弹翅膀的“雕刻师”。在他眼

中，是师父马景来为它插上腾飞的翅膀。

铝合金薄壁舱体加工是马景来的绝活，他加工的精度达到一丝，也就是 0.01 毫米。马景来一边毫无保留地把拿手绝活传授给徒弟们，一边鼓励大家共享经验和技术。在他的带动下，很多老同志收藏多年的刀具、新职工编制出的优化程序都会相互分享。

名师出高徒。良好的环境加上自身的刻苦学习，让徒弟曹彦生一鸣惊人：25 岁时斩获全国技能大赛数控铣工组亚军，26 岁便带出了全国数控技能竞赛冠军常晓飞，成为“金牌教练”。之后，出师的常晓飞在班组文化的熏陶下，又带出了 2 名全国冠军……

人才是企业发展的核心要素。近年来，二院加大人才队伍建设力度，并以“核心人才工程”和“全员素质工程”为重点，为各类人才搭建创新创业平台，真正让人才走进来、留下来。现如今，一大批在行业领域具有影响力和知名度的领军人才正茁壮成长。

“没有人才，防空利剑就是一把钝刀”

二院建院 60 周年时，有一批特殊客人引人注目。他们是来自装备使用一线的部队官兵。

此次前来，他们除了“贺寿”，还有一个目的：拜师。

“没有人才，防空利剑就是一把钝刀。”某导弹列装之初，很多部队意识到，装备靠配发，人才靠培养。因为缺少专家指导，很多列装的装备难以发挥出最佳水平，成为困扰战斗力生成的难题。

“没想到二院的院士、专家能主动走近我们。”时任某防空旅的领导谈起这段经历，喜悦之情溢于言表。为了让官兵尽快“上手”操作装备，以钟山院士为代表的专家队伍经常来到部队“传经送宝”。

一次在野外为某部官兵讲解装备使用技巧时，专家组不仅让官兵们很快进入角色，而且还结合部队实际，帮助他们建成了一套数字化野战情报系统。在后来的首次实弹演习中，该部发射的导弹全部命中目标。

“部队官兵是装备的用户，他们最有发言权。”有一年，部队官兵主动找到钟老，一口气提出了10多个问题，内容涉及装备的发展、改进、安全和性能。那一刻，钟山院士欣慰不已：原本是专家和技术人员考虑的事，没想到被官兵们研究得如此透彻。这也更加鼓舞“二院人”继续为部队官兵“深度服务”。

某部导弹主操作手小刘怎么也没想到，自己竟然能拜院士为师。那年，小刘所在部队列装某型导弹不久，就迎来了二院专家的现场技术指导。因为怕再遇到问题无法解决，在钟老离开之际，小刘提出了“拜师”的意愿。钟老和专家们一听，欣然接受。在一次实弹射击中，某发射车出现故障，不停地报警。面对突如其来的情况，小刘立即联系了钟老。在一番指点后，问题迎刃而解，实弹射击顺利进行。

无独有偶。在一次试验间隙，二院某科研团队走进部队驻地调研，一名战士提出“怎样才能让救护车不‘怕’海拔高”的疑问，引发他们的思考。

回来后，该科研团队做了大量论证后，将民用医疗技术与航天技术相结合，通过空气增压方式，使其研发的增压方舱式医疗救护车，不仅可以在高海拔地区构建车内中低海拔的环境，而且还实现了在高海拔地区对危重病人的紧急救护和快速运送。

中国飞航在改革开放的大潮中远航

赵　聪　高启滨

1978 年，中国做出改革开放的伟大决策，随之而来的，是从思想观念到体制机制，从生产关系到生产力的巨大变革。巨变对中国的万千企业产生根本性影响，包括中国飞航导弹的发祥地——中国航天科工集团有限公司三院。

彼时，10 年浩劫刚刚结束，新旧制度还未来得及转换。棘手之处在于：三院承担的任务多是计划性的，在同一个平台上，市场经济和计划经济要如何巧妙对接？作为计划经济的产物，旧有的经营管理机制已然不适应新形势。解放思想、转变观念，建立新机制、调整生产方式，“改革”迫在眉睫。

此后 40 年间，三院以改革激发内生动力，以创新驱动事业发展，为实现航天梦、强军梦、强国梦的引擎持续注入新动能。40 年后的今天，三院已经成长为国防武器装备建设的中坚力量，是目前我国集预研、研制、生产、保障于一体，配套完备、门类齐全的飞航技术研究院。

40 年抓机遇、铸神剑，立改革开放潮头，筑牢发展主业

与改革开放春雷一同鸣响的，是三院自主研制的鹰击八号。

国家做出改革开放决策不久，鹰击八号在打靶中六发全部直接命中，以骄人成绩完成了设计定型飞行试验。

这型被设计师们昵称为“小二黑”的导弹，为三院改革开放事业赢得了头彩。在严苛的条件下，三院自行攻关、爬坡过坎，终于将“小二黑”研制成功。自此，“严慎细实”和“求实、务实、扎

实”的工作作风便深深融入了飞航人的血脉之中，并在随后的年月里，与改革开放新时代同频共振，释放出巨大的能量。

这的确是一个转航的时代。20世纪六七十年代，三院军品任务不足，型号的研制、试验、生产等一度陷入停顿状态。1978年，改革开放“春雷轰隆一响”，沸腾了整个三院。三院积极响应国家政策，全力发展军品主业，研制工作大范围开展起来。

到20世纪80年代中期，在分析国内外飞航导弹技术发展趋势时，三院意识到必须尽快开展新型动力装置的技术攻关。时代已经开放，何不转变思路？审时度势后，三院决定以研制批产为根本，借以牵动外贸，扩大外贸出口，以此带动国内装备研制比例，为国家节省经费。

说干就干，三院抽调精兵强将，组成外贸代表小组，首次飞赴国外谈判。身处异国他乡，一边忍着“40℃盛夏高温”和饮食不习惯的折磨，一边按照“白天讨论方案、晚上设计方案”的时间表工作，两个多月后，双方签订了一份一亿多美元的合同。

这是三院外贸赚到的第一桶金。利用国际外贸市场的资金支

持，三院突破了飞航导弹当时迫切需要解决的技术瓶颈，进而实现了我国飞航导弹武器作战能力的新一轮跨越，同时也创造了“出口转内销”的成功范例。

成功的关键在于解放思想、转变观念、顺势而为，更在于心向创新、锐意进取。

20世纪80年代，借助改革开放的东风，三院先后研制成功了多系列型号产品，并积累了大量的技术经验。到了20世纪90年代，国家启动某系列专项工程，三院多个型号成功入选，生产能力和生产任务一步一个大台阶，实现了跨越式发展。中国飞航，就此腾飞了！

近年来，三院紧紧抓住自主创新的脉搏，以国民经济和国防建设需求为动力，以机制创新、技术创新及创新主体建设为主要内容，从项目管理、平台构建、团队建设三个方面入手，持续开展了科技创新体系建设工作，逐步形成了独具一格的科技创新体系。

40年来，三院按照“基本型、系列化”和“探索一代、预研一代、研制一代、生产一代”的型号发展思路，成功培育出多种型号、多个系列、多种用途“人丁兴旺”的飞航导弹家族。三院手握飞航领域核心技术，走出了一条独立自主的科技创新之路。

40年开拓民用市场，服务国计民生，擘画富国蓝图

1997年12月10日，一家钢骨架塑料复合管公司在河北廊坊成立。

多数人没想到，这家名为华创天元的公司，在日后一路过关斩将，冲过千禧门槛，挺进新世纪，最终成长为“民族管道之星”。

多年以后回头观望，华创天元可以看作三院在改革开放新形势下，在开拓民用市场方面做出的一个成功尝试。但在当时，华创天元只是三院整个改革大棋局中的一部分。

其实，在改革开放初期，三院民品刚刚起步，经济形势非常困

难。面对此形势，三院多方调研、论证，提出了新的经济发展顶层设计。到了 20 世纪 80 年代，在新的产业布局指引下，三院的改革棋局便渐次铺开。经过对院内及社会相关形势的调查分析，根据产业政策，三院深思熟虑，谋定而后动，短期内，便成立了民品产业管理组织机构。秉承着“自主经营、自我管理、独立核算、自负盈亏”的原则，三院组建了后勤集团，成立了丰台海鹰、深圳海鹰、海南海鹰、香港天浩等股份公司，民营战线中港口应用系统、防伪发票机、电视薄壳自动化生产线、雪花电冰箱生产线、天津汽车生产线改造、全国政协提案系统等明星项目如雨后春笋般不断涌现。此外，三院向国务院申请外贸权，经批准，获得自营产品及所需物资的进出口权。

经过努力，三院民用市场的局面逐渐打开，在富国的路上昂首挺胸，越走越远……

“这里的‘双创’氛围非常好，你们要抓紧努力往前冲!”2017 年 4 月 27 日，李克强总理在参观三院 239 厂航星科技园区的航天科工“双创”展时，对航天青年寄予厚望。

近年来，三院着力打造系统级项目，大力发展高技术重点项目，全力打造航天海鹰品牌，推动民用产业转型升级、跨越发展。

“三院坚持创新驱动，紧扣国家需求，积极投身经济建设主战场，走‘四个化’发展道路，一大批民用成果服务国家经济建设和

百姓生活。”时任三院院长张红文说，“作为央企，三院有责任，也有情怀服务国计民生。”

中国飞航用几十年的时间，不仅夯实了飞航事业的基础，还在“富国”的蓝图中擘画出浓墨重彩的一笔。

40 年强力推进人才强企战略，坚持人才的可持续发展

1978 年，是一个人人看得到变化的万物生长年代。同样感受到时代变换之喜的，是三院的一位职工。为了与家人团聚，这名技术骨干原本打算离开三院。单位了解情况后，为了留住人才，千方百计想办法，终于将他的爱人调到了三院所在的北京云岗地区。

喜悦的情景犹在昨日：一辆单位派出的南京跃进牌小卡车开到妻子单位，将家当一次性拉到了云岗。他一度不敢相信眼前事情的真实性——被称为“天下第一难”的调动大事，竟然在一个月内迅速解决了。

人才的春天，真的到来了。但也有一段时间，受各种社会思潮的影响，冲淡了一部分青年人从事国防事业的光荣感，也造成了科技人才的断层。三院认识到人才是生产力的第一要素，竞争主要是人才的竞争。要发展，在激烈竞争中立于不败之地，人才是决定性的因素。三院开始采取各种措施，广泛吸引人才。

在那个“干导弹不如卖茶叶蛋”的年代，三院党委在全国各大报纸上刊登广告，吸纳国内外有志青年从事航天事业；院领导亲自带队赶赴一些重点院校宣传三院，与学校签订定向培养分配的合同并设立海鹰奖学金；根据来院的博士生、硕士生、本科生的不同情况，为其提供住房、电脑、安家费和生活补贴。

同时，三院还花大力气培养自身新生力量，实行老带新、师带徒责任制，鼓励老同志将自己的知识和经验传授给新同志；自培或与高校联合培养硕士和博士生，组织青年人才和优秀骨干去国外培训；根据国家人才计划，选拔院内专家、部级专家、国家级专家和

跨世纪人才；根据老中青相结合原则，选拔优秀青年干部进入院厂所领导班子等。

20 世纪 90 年代后期，三院全面开启云岗航天城等民生工程建设，在经费不多的情况下为职工创造食堂、通信、运动、森林公园等便利条件，极大地改变了工作和生活条件。21 世纪初，三院争取到一部分技改资金，改善了大量试验楼、厂房、先进新工艺设备等科研基础保障条件。由此，三院成为吸纳一批又一批人才的“金窝窝”，为后续一系列重大科研项目的攻关积蓄了有生力量。

如今，在“飞航英才接力计划”等一系列政策的扶持下，一大批飞航人才涌现。目前，三院拥有一批有突出贡献的知名专家和学术技术带头人，先后产生 7 位两院院士，3 位国际宇航科学院院士，130 余位国家级、省部级专家及学术技术带头人，420 余位享受政府特殊津贴专家，130 余位国家级、省部级高级技能人才；拥有一个国家级技术创新团队和一大批获得过全国劳动模范、全国五一劳动奖章和中国青年五四奖章、全国巾帼建功标兵等荣誉的模范人物。

40 年以党建强基铸魂，助力飞航雄鹰翱翔九天

改革开放以后，企事业单位面临着一个怎样实现工作重心转移的问题。三院党委在总结多年实践经验的基础上，于 20 世纪八九十年代提出了“五个一切”的指导思想，即“一切工作围绕中心，一切工作服务中心，一切工作服从中心，一切工作有利于中心，一切工作为了中心”。随后，院党委还提出了“五同时”“系统抓，抓系统”“三心工程”等工作思路和举措。时至今日，三院已经建立运行了思想政治“大保障”工作体系，实现了对中心工作的全方位融入、全过程参与。

与此同时，一支支“召之即来、来之能战、战之能胜”的飞航党员突击队、青年突击队也在党的培养下成长起来。

面对中央领导“你为什么入党”的问询，一名预备党员愣了一下，“因为我身边优秀的同志都是共产党员，我也要像他们一样”。她的回答获得了在场所有人的热烈掌声。“央企青年先锋”“央企敬业好员工”35所王征说：“国家的需要，就是我们努力的方向。航天前面有两个字是中国，中国航天要为国家争气。”

在三院有句话，就是“把党员培养成骨干，把骨干培养成党员。”在那些寂寞如水的日子里，在那些大漠如歌的岁月里，在那些屡败屡战的刻骨铭心时刻，在那些打破质疑超越自我的欢笑与泪水中，党员们以“团结奋进、负重拼搏、科学求实、敢为一流”的“飞航精神”践行着铮铮誓言。“这些年来，三院的党员、干部职工，都直面挑战、勇于创新，不管面对多大困难都不退缩。”三院党委书记史新兴说，“我们就是凭着这股子不服输的韧劲，把难啃的硬骨头一块块拿下。也正是这样，三院在科技创新的大道上走得更加自信。”

近年来，在转型升级关键期，三院党委强调党员责任担当，不断提升党员“四个意识”，同时，认真贯彻落实上级关于作风建设的系列要求，结合实际提出“五讲、五立、五强”的要求，在全院开展“专业化规范化一体化”管理提升活动，推动全院作风建设不断深化。运行智慧党建等平台，形成了“线上线下相结合”的党建工作新业态；牢牢把握全面从严治党主线，聚焦“监督、执纪、问责”，全面推进“三不腐”机制建设，营造良好政治生态，打造忠诚干净、尽职尽责、敢于担当的党员队伍。

40年来，三院党委牢牢抓住党的建设这个兴邦强企的法宝，强化强军报国责任使命，以党建促改革发展，以党建浇灌文明花开，荣获了全国先进基层党组织、全国国有企业创建“四好”领导班子先进集体等荣誉称号。40年来，党的建设积淀的经验、凝练的精神，已经成为飞航人的魂魄，在未来的日子里，三院将高举中国特色社会主义伟大旗帜，以习近平新时代中国特色社会主义思想为指引，不忘初心，牢记使命，按照航天科工党组部署，以时不我待、只争朝夕的精神，永不懈怠，再攀高峰，为早日建成国际一流飞航技术研究院，全面实现航天梦、强军梦、中国梦而不懈奋斗！

改革开放的大船开足马力。在时代滚滚洪流之下，中国的飞航事业打破思想桎梏、扫除发展藩篱，不断开启新征程。“弄潮儿向涛头立”，在改革开放的大潮中，飞航人将不畏艰难、不惧挑战，继续为国民经济建设贡献力量，为改革开放事业保驾护航。

与时代同行　振翅寰宇为国铸盾

王　旭　李　乔

“张爱萍很高兴，他说，二院的红旗七号是成功的，要总结经验，进行推广……”30年前定型试验中精彩的三发三中已成为中国工程院院士钟山隽永的记忆，话语间他多次指向办公桌上摆放的一张照片，上面记录着1980年国务院副总理张爱萍和国务院国防工业办公室副主任、党组副书记邹家华到二院调研型号工作的场景。

1980年立项的红旗七号是我国改革开放初期成功研制的第一型防空导弹，是国家构筑完整防空防御体系的重要一环，使二院型号研制从机械化步入信息化阶段，也为二院后续发展储备了技术和人才。

改革开放40年间，二院先后成功研制三代防空导弹武器系统，全院从职工人数1万余人、年营业收入不足5亿元，成长到职工人数2万余人、年营业收入超过391亿元。

40年沧海桑田，不变的是二院干部职工在“有矛必有盾”哲学的指引下，一脉相承地爱国、奉献、创新。

改革在路上，持续调整，志在领跑

早在20世纪60年代，二院就因成功击落数架敌U2侦察机闻名遐迩。

党的十一届三中全会和全国科学大会相继召开，我国国防科技工业迎来春天，二院也看到了新的发展机遇，开始了以潜地和地空两大类型号为主的多类导弹研制历程。

1980年秋天，张爱萍和邹家华来到二院调研参观，对新型防空导弹红旗七号寄予厚望。

1999 年以后，二院进入转轨变型、全面发展期，任务方向发生重大变化。这一时期，二院加速推进更新型导弹武器系统的研制工作并完成定型交付。“这一型号使我国防空能力实现了质的飞越，也标志着我国防空导弹研制、试验能力跨入了世界先进行列。”钟山说。

型号迭代见证了二院赶超世界先进水平的历程，在此期间，不断推进改革的二院实现了六大转变：由仿制、研仿转变为自主研发；由单一型号研制转向多型号研制、生产并举；由单一防空领域防御体系变为多领域防御体系；由单一军品转向军民品共同发展；由单一国内市场转向国内国际两个市场；由单一为国防建设服务向增强国家综合实力和为国民经济主战场建设服务转变。

“二院从完全计划经济向市场、计划相结合的模式转变，研制生产领域引入了竞争机制，体制机制发生了变化。这个过程中有国家各项政策的要求，也有二院主动适应、积极融入、与时俱进的因素，从内部进行改革，观念上发生了很大变化。”二院党委书记马杰于 20 世纪 80 年代到二院工作，是改革开放的亲历者、实践者和奋斗者。

现在提起二院计算站，知晓情况的人不多，但二部的李明强却了然于心。“20 世纪 80 年代那会儿，计算机是稀罕物，所以二院配了一个计算站，大家计算什么都得专门去那个地方。”李明强已经在二部工作了 34 个年头，“当初画图要用画板，现在电路图、设计图都用电子设计软件，设计效率高得不是一点半点。”

郑建军从部队复员到二院工作是 1981 年，见证了 283 厂从建厂初期的两三百人扩展到今日的 1 000 多人。“变化太大了，不可同日而语。”他摆了摆手又竖起大拇指。30 多年来，他和同事们将“质量制胜”奉为圭臬。在质量制胜战略的引领下，二院打造出追求一次成功的“矩阵式”质量管理模式，获得了我国质量领域的最高荣誉——中国质量奖。

在新中国成立 35 周年、50 周年、60 周年、中国人民抗日战争暨世界反法西斯战争胜利 70 周年和庆祝中国人民解放军建军 90 周年等阅兵仪式上，看着二院研制生产型号的身影，几代二院职工心中的自豪无以言表。

创新持续提速，民用产业书新篇

二院成功研制了我国第一型地空导弹武器系统、第一型潜地战略导弹武器系统、第一型陆基机动地地固体战略导弹武器系统，参与研制了第一台计算机，获得了第一号中华人民共和国发明专利、4 次国家科技进步奖特等奖等 2 500 余项国家及省部级科技进步奖……二院的发展史也是一部创新史。

“除了技术，体制机制也要创新，否则就难以适应时代发展的要求，所以二院对标国内外优秀企业，学习先进经营理念、管理经验，提升核心竞争力。”马杰说，“要有技术，技高一筹，也能控制成本，这都是我们以前在部委体制下不擅长的领域，这些年通过改革创新，二院形成了一套适合于市场的、有核心竞争力的体制机制。”

近年来，二院以提升创新能力、专业能力和价值创造能力为主线，以“技术创新、商业模式创新、管理创新”为抓手，建立了具有特色的“产学研用”协同创新体系，有力支撑和推动了企业高质量发展。

一组组数据验证这条发展路线：“十二五”期间，二院专利申请总数为 3 528 件，专利申请量、授权量分别较“十一五”增长 3.3 倍、14.6 倍，千名研发人员拥有授权发明专利数量同比增长 18 倍。

如今，二院已经绘制好了“四步走”总体发展战略。即用 30 年左右的时间，按照“2020 年”“2025 年”“2035 年”“本世纪中叶”四步分步实施，努力将二院建成世界一流的安全防务企业，为中国第二个百年战略目标实现和世界一流军队建设提供有力支撑。

1979 年，二院开始了发展民用产业的初步尝试和探索。20 世纪 90 年代起，二院民用产业开始成为发展支柱，成立了第一个集团级公司，实现第一家军工企业上市，组建了 4 000 余人的民品开发团队，发展速度逐年加快。

“以前干一件事持续时间很久，团队变化不大，现在领域多了，周期短了，团队人员组合频次高了。”23 所的马宁说，“有次做一个测量雷达，研制周期为 18 个月，大家都认为这时间太短了，因为之前都是 5 年、10 年以上，不过从那以后，16 个月、一年，甚至半年的研制周期都有。”

40 年来，二院利用技术优势创造出了安全信息系统、智慧城市和安保科技系统，并在国际上首次提出“云制造”概念，成功研发出国内首个云制造公共服务平台，打造了气象雷达、反无人机系列产品、高原医疗救护车、高层楼宇灭火系统等民用产品。

在民用产业发展道路上，二院走出了自己的特色：坚持“强军首责”不动摇，“做民品为强军，‘民’中又有好模式可供军品借鉴。军民两个产业在很多方面，比如技术研发、元器件的质量保证体系、标准体系等都是相通的。”马杰说。

携航天精神走出国门飞向更高

每名航天人至少都会有一段印象极为深刻的航天经历，二院职工也不例外。一次试验中，马杰和同事们在试验舰上远远看着一道白光闪过，得知成功的一刻，大家流下了激动的泪水。“记得当时一位技术负责人已经50多岁了，不仅自己哭，还抱着同事们哭，把几年来的酸甜苦辣、积压已久的情绪释放了出来。”

有次，马杰的父母问：“你们做航天的，怎么型号一成功就哭?”马杰笑而不语，因为她深知这种情感不是几句话能讲清楚，需要切身经历，才能明白其中滋味。

在攻关研制阶段憋着劲儿，顶着压力，几年后成功了就高兴地“哭”一下，但乐不了几天又开始了下一个研制任务。出现失利，反倒没有人哭泣，而是带着对国家、团队的歉疚找出问题直至解决。“这种文化在社会上较为鲜见，但在航天十分普遍。”二部的王

晓东说。

有一年元旦，青岛下了一场多年不遇的大雪，雪化后又结冰，试验飞机无法起飞，团队就借来扫把和铁锹铲冰除雪。“一开始用户和机长还说，飞机不能起飞很正常，等着吧。过了一会儿，他们默不作声地加入我们一起扫雪。最终试验如期进行。”马宁说，“他们说我们是第一家，其他单位没这么干的。人家试验周期是以月计，我们是按天计。同样的任务，其他单位带22个人，我们只有3个人。”这类做事风格多被贴上“不可思议”的标签，但在二院屡见不鲜。

在夏日的大漠戈壁上，试验队员皮肤被晒伤、脱皮；在冬日的挂飞试验飞机上，剧烈的颠簸让人在舱内零下20多摄氏度的环境中也难以保持清醒；在远航的舰船上，晕船的技术人员将塑料袋挂在耳朵上，就是为了呕吐时不影响手上的工作……1994年，到23所工作的刘国才与试验队一起走遍了祖国大江南北。在他看来，没有航天人吃不了的苦。从负责“争气弹”东风一号导弹设计控制系统开始，无论条件多艰苦，二院技术人员始终“不信邪、不怕输”。

马杰说：“多年来，航天精神已经被社会熟知并广泛认可。40年的发展带来了方方面面的变化，而二院‘国家利益高于一切’的核心价值观从未改变，支撑着二院不断前行。”

这种文化也帮助二院走出国门，走向世界。2014年，FD-2000防空导弹武器系统在国际市场竞标中击败了美国、俄罗斯、欧洲的产品，验证了型号的实力。在空间工程领域，二院研制的测量雷达指引神舟飞船穿过茫茫黑障区，踏上回家路。交会对接微波雷达多次助力“天宫”和“神舟”完成“胜利之吻”。二院自主研制的首颗卫星天鲲一号于2017年成功发射入轨并圆满完成在轨测试和试验，拓展了我国小型低轨通用卫星平台型谱，成立了空间工程总体部，开创了二院商业航天发展新局面。

跟党走，将人才招入神圣事业麾下

二院历届党委皆高度重视党的建设，40年来，二院党委不断探索实践党建新方法，强化并充分发挥党委的领导作用，被中共中央授予“全国先进基层党组织”称号。

对于如何把中央的要求在二院有效贯彻落实，马杰有着独到心得：“几个环节特别重要，一个是学习，要正确领会精神；再有就是一定要和本单位实际有机结合，只有结合好才能落实好，要实事求是，这也是党的优良传统；第三就是注重实效，真正达到有效果、收获和进步。”

二院坚持党管干部、党管人才，神圣的事业吸引了众多精英，人才辈出。蔡金涛、吴硕平等老一辈航天事业奠基人，“两弹一星”功勋奖章获得者黄纬禄，陈德仁、陈敬熊、钟山、于本水、李伯虎、黄培康、陈定昌等两院院士，以及一大批科技领军人才和骨干力量付出的心血汗水，使二院成为空天防御技术领域优秀的“国家队”。

在二院展室，一份关于二院实行小高工、小研究员的人才机制的红头文件醒目地摆放在展位上，记录了一段引进和留住人才的历史。“在改革开放过程中，二院的人才引进也经历了从计划到市场的过程。”马杰说。

改革开放让大学毕业国家包分配成为历史，人才流动性渐强，出国发展、进入外企成了很多人的选择。正处于转型期的二院，体制还未发生变化，每月挣几十元、一百多元的情况仍在继续，因此产生了“搞导弹的不如卖茶叶蛋的”说法，核心人才竞争处于危机状态。

马杰说：“当年二院党委与时俱进、勇于创新，在内部创造机会，实行小高工、小研究员的破格机制，专门列出一个通道，使一批优秀年轻科技和管理人才享受到特殊政策，加快了人才成长速度。”

特殊的政策改变了论资排辈的状态，再加上国家也出台了吸引和稳定人才的政策，二院人才状况获得好转。随着国家的发展，人才回流现象多起来，国内优秀企业之间的人才竞争日趋激烈。“如今又有了新的情况，国家提倡‘双创’，人员选择性更多，如何吸引、留住人才，一直提醒我们要提高人力资源管理的能力和水平，提升企业核心竞争力。”马杰说。

目前，二院有 44 人次荣获全国劳动模范和五一劳动奖章，30 人次荣获国家级突出贡献专家、入选国家“百千万人才工程”学术技术带头人，48 人次荣获中华技能大奖、全国技术能手等荣誉称号。

“当年一起毕业的同学去了年薪优厚的金融、地产行业，虽然我们薪酬上跟他们有差距，但自己从事的事业无比神圣，如果再做一次选择，我还会选择航天，选择二院。”25 所史守峡说，在二院，这不仅仅是他一个人的心声。

穿越历史的苦难与辉煌

——中国航天科工集团有限公司十院改革开放40周年回眸

田安贵

“向海而兴，背海而衰；禁海则亡，开海则强”，600多年前的郑和，用他的伟大实践做出了响亮回答。

“师夷长技以制夷。”号称“开眼看世界”第一人的林则徐，以开放的态度展现了他的世界眼光。

“改革是中国的第二次革命”，在新中国建设经历曲折之后，一代伟人邓小平以他的睿智作出了改变中国前途命运的论断。

“改革开放是决定当代中国命运的关键一招，也是决定实现‘两个一百年’奋斗目标、实现中华民族伟大复兴的关键一招。”在实现中国梦的新征途上，新时代的领路人习近平宣示了当代中国坚定不移推进改革开放的信念和决心。

壮阔东方潮，激荡四十年。改革开放40年来，中国取得的辉煌成就举世瞩目，中国航天事业的发展突飞猛进。这40年，也是中国航天科工集团有限公司十院（原061基地）风雨兼程、艰辛探索、不断奋进的40年。贵州航天人以自强不息、百折不挠的信念和勇气，书写了三线军工浴火重生、凤凰涅槃的动人传奇。

豪迈与激情

要想知道我们向何处去，就必须明白我们从哪里来。

20世纪60年代中期，国际局势波诡云谲，核战争的阴云笼罩着神州大地。以毛泽东为代表的共产党人，基于对复杂战略形势、历史经验、地理环境和国家安全的深层思考，统筹谋划，果断决策，决定建设中国的战略大后方。

备战备荒为人民，好人好马上三线。

1964—1980 年，在中国中西部的 13 个省（自治区），进行了一场以备战为指导思想的大规模国防、科技、工业和交通基本设施建设，史称“三线建设”。在短短几年、十几年间，上千个大中型工矿企业、科研单位星罗棋布于中西部地区，成为推动中国西部工业化的“加速器”。

中国三线，壮美航天。1964 年，经中央专委批准，我国航天工业建设的第一个三线后方基地——061 基地（十院前身）应运而生。1965 年 1 月，061 基地办事处成立；1965 年 9 月，061 基地党委成立；1970 年 12 月，061 基地首批航天产品装配成功，一个集科研生产于一体、配套完整的战略后方基地在黔北的群山深处拔地而起。

苟利国家，唯存丹心。在激情燃烧的岁月，在祖国最需要的时候，来自五湖四海的建设者们汇聚深山峡谷，风餐露宿，肩挑背扛，用艰辛、血汗和生命，谱写了一曲感天动地的三线建设之歌。

穿越时光的隧道，那告别的站台、发黄的信笺、思念的泪水、纯净的黑白照，都成为最长情的告白；那挥舞的铁镐、震天的号子、滚落的汗水、轰隆的开山炮，都成为最生动的剪影；那矗立的厂房、神秘的山洞、红色的砖房、飘落的梧桐叶，都成为最美丽的风景。

拨开历史的迷雾，包括 061 基地在内的三线建设绝不会因时间的流逝而抹灭其深远意义。无论是从事关国家安全的重大战略决策看，还是用经济学的资源配置观点来考察，三线建设形成了中国可靠的西部后方科技工业基地，初步改变了中国东西部经济发展不平衡的局面，带动了中国内地和边疆地区的社会进步，堪称中国历史上空前的西部建设战略，在世界军事和经济史上同样留下了浓墨重彩的一笔。

探索与曲折

1978 年 12 月，凛冽的寒风挡不住人们内心涌动的喜悦，具有伟大历史意义的十一届三中全会召开。遥远的西南腹地，大山深处的 061 基地干部职工，也在严寒中敏锐地嗅到了春的讯息。

改革开放的大潮席卷而来，神州大地焕发勃勃生机。面对军品锐减、布局分散、人才流失、设施老化等困难，061 基地在经历第一次创业艰辛后，又响亮提出“第二次创业”口号，勇敢步入社会主义市场经济的商海。

开弓没有回头箭。在始终牢记“航天为本、军工第一”宗旨的同时，贵州航天人开始了军转民的曲折探索，从思想认识、经营机制到市场开发，从“找米下锅”到“转轨变型”再到“迈步发展”，变革艰难而痛苦，步履却果敢而坚决。

1980 年，推行经济责任制；1982 年，开展规范管理的企事业单位整顿；1983 年，召开首次民品工作会；1984 年，试行厂长负责制；1989 年，日本丰田公司代表团考察 061 基地；1992 年，贵州航天汽车制造厂列为贵州省首批股份制试点企业；1997 年，风华冰箱厂与青岛海尔集团联合……重大的历史节点背后，总有着非同寻常的意义。

十多年时间里，061 基地在圆满完成航天型号任务的同时，承担了重离子回旋加速器和正负电子对撞机等国家重大装备项目关键部件攻关，先后开发录像机、传动器、挖壕机、汽油机、拉丝机、井深仪、加速器、计算机、切割机等民品 300 多项，其中 15 项填补国内空白，50 余项达到国内外先进水平，近 40 项获省部级以上科技进步奖，惊人的数字背后，是令人赞叹的创造热情和无畏勇气。

历史斑驳而清晰。“风华风华、风行中华”，“城乡路万千、路路有航天”，那响彻华夏的经典广告语，不只是贵州航天的辉煌过往，亦是勇立潮头的时代见证。作为 061 基地最具代表性的两款民品，风华冰箱和航天汽车一度成为抢手的热销货，那排队等着提冰箱的热闹场景，至今仍留在年纪稍长人们的记忆深处。

“疾风知劲草，烈火炼真金。”纵观 20 世纪 80 年代初期到 90 年代末期，那些不寻常的日日夜夜，那些执着奋进的光辉岁月，既是对国家意志的坚定践行，也是自我革新的上下求索；既有精神上的荡涤洗礼，也有对经济社会的长足贡献；而最为重要的是积累的宝贵经验和挫折教训，为后续发展打下了基础、提供了镜鉴。

改革与发展

世纪之交的中国风云激荡，在人们期盼新千年到来的时候，国企改革也步入“深水区”。

前进的道路从来不会一帆风顺。20 世纪中后期，由于体制机制、产品结构、创新能力、遗留问题、冗员负担、社会职能等主客观因素的交织影响，计划经济年代曾令人艳羡的“三线”企业普遍陷入亏损，迎来了严峻的生死考验，与呼啸前行的时代列车渐行渐远。

任何时代，“探路者”总是勇于自我牺牲的代名词。曾经勇吃

“螃蟹”的061基地一度变得冷清萧条，债台高筑、车间停产、收入减少、职工下岗、人才南飞……回首那段艰难岁月，我们要感谢那些胸怀使命的人，感谢那些勇于担当的人，感谢那些始终坚持的人，是他们，让061基地跨越“生死之门”，一步步走到今天。

不破不立，先破后立。当干部职工为“何去何从”苦苦思索之时，在国家政策和集团公司的大力支持下，2000年3月，061基地召开扭亏脱困专题会，从此，一场以政策性破产为主要形式的扭亏脱困攻坚战全面打响。无数人夙兴夜寐、无数人默默付出、无数人顾全大局，通过政策性破产、社会职能移交地方、职工安置和再就业等一系列艰苦卓绝的工作，至2002年，061基地整体实现经营性盈利，彻底扭转自1994年以来连续八年亏损的局面。

《易经》中说：“上九，潜龙勿用。”受困于环境恶劣、信息闭塞，众多的三线企业如徒有尖牙利爪的蛟龙，只能对外面的精彩世界望而兴叹。历经“七五”到“九五”的漫长历程，至2007年12月，061基地的调整搬迁改造工作全面完成，“一园三地多点”的格局初步形成，极大优化、改善和促进了产业布局、营商环境、生活

条件、人才引进和队伍稳定。那发端于山谷的梦想，在跌落后又一次升腾。

“穷则变，变则通。”抖落历史的尘埃，饱经磨难的 061 基地疾步前行。加速构建现代企业治理结构，改制重组投资主体多元化的股份制企业，2004 年，所属航天电器公司在深交所成功上市；自筹资金研制的某航天产品系统，创造了令人震撼的多个第一；坚持面向规模需求的差异化战略，液力变速器、核级铸锻件、继电器连接器、精密齿轮、电机系列、应急救援装备、萃取装置等一大批民品在业内声名鹊起，2010 年获“任期民用产业突出贡献奖”；科技创新硕果累累，1999 年到 2011 年年底，仅国家科学技术进步奖特等奖就摘取 4 项，并荣获“中国产学研合作创新奖”；科研生产装备能力大幅提升，2010 年获国防科工局“军工能力建设先进单位”……

唯有艰难，方显勇毅。迎着时代的疾风劲雨，贵州航天人一路涉险滩、过难关，击楫中流，劈波斩浪，又一次追寻那属于自己的海阔天空。

光荣与梦想

永远并不遥远，未来已经到来。

1965 年早春，24 个踏勘小组在贵州高原跋山涉水、顶风冒雨，为 061 基地选址而奔波数万千米，这一切，只为了一个强大的国防梦；2018 年盛夏，满目苍翠的贵阳航天园，数百名新入职的高校毕业生，正在接受入职教育，聆听直击人心的三线往事。

一代人有一代人的责任，一代人有一代人的使命，薪火相传，奋斗不息。进入“十二五”，贵州航天换挡提速，驶入发展快车道。2012 年，营业收入突破 100 亿大关；2015 年，061 基地正式更名为中国航天科工集团公司第十研究院（简称十院）。“十三五”以来，十院规模与效益实现快速增长，经济运行质量和价值创造能力显著提升，2018 年营收将突破 160 亿元。

“不谋全局者，不足谋一域。”“十三五”开局至今，十院把战略引领放在事关前途命运的突出位置，连续召开三次战略管理委员会会议，不断丰富完善“四个基地”的战略定位，形成了“四位一体”示范基地建设构想，“两大目标四步走”蓝图正渐次展开。从历史深处走来的十院，在千帆竞渡的新时代焕发出前所未有的生机与活力。

走得再远，也从未忘记为什么出发。从近代史开始的百年沉沦到大三线建设的恢弘布局，从深山老林搞研制到被部队首长称赞“在100分的试卷上做出120分的成绩”，从单一装备到多型并举多兵种拓展，1984年到2017年，中华人民共和国5次盛大阅兵，十院研制生产的武器系统威武雄壮驶过天安门广场；“神舟”飞天、舱外“行走”、太空之“吻”、“嫦娥”奔月、蟾宫“漫步”……中国航天壮丽征程中的每一步，都有贵州航天人集智攻关、无私奉献的身影，昭示着“科技强军、航天报国”的矢志不渝。民族的深沉疼痛，曾经的威胁讹诈，让我们明白，所谓的岁月静好，只因为有无数人在负重前行。

“好风凭借力，送我上青云。”在充满机遇与挑战的信息经济时代，十院不敢懈怠，也未曾懈怠。民品产业深度推进，牵头组建贵州省产业联盟和航天科工集团智慧农业产业联盟；国际化经营不断突破，年均增长超过50%；创新能力持续增强，800余项预研和创新项目获批立项，新设国家重点实验室等48个国家及省部级创新平台；人才强企深入实施，“丰羽、展翅、腾飞、翱翔”接力工程全面启动；解放思想永不停歇，“三线精神、一线理念”引领观念转变……贵州航天人深知，没有一种成功模式是长存的，没有一种竞争力是永恒的，在优胜劣汰法则面前，唯一必须做的，就是既要勇于赶超对手，更要不停地超越自己。

一路上风雨兼程，再回首已过万水千山。半世纪丹心铸剑，四十年发奋图强，祖国和人民从未忘记，邓小平、江泽民、胡锦涛、习近平等几代党和国家领导人亲临视察，无疑是对三线军工人艰苦创业的极大激励和褒扬。跌倒后再奋起，挫折前不退却，一切皆源于对脚下这片土地爱得深沉，对航天这份事业由衷热爱。正如马克思曾说：“我们感到的将不是一点点自私而可怜的欢乐，我们的幸福将属于千万人，我们的事业并不显赫一时，但将永远存在。”

四十载惊涛拍岸，九万里风鹏正举。十院曲折的改革发展历程，就是一部恢弘的三线创业史，一部光辉的军工报国史，不只是强大国防、促进经济，更留下弥足珍贵的精神财富。我们深信，曾经的拼搏付出，所有的心血汗水，都终将汇入中华民族伟大复兴的滔滔洪流，镌刻在历史丰碑之上。

让梦想照进现实，让历史告诉未来。中国航天是什么？是荣誉、是责任、更是使命！在国际局势风云变幻、风险矛盾交织叠加的今天，作为中国航天的光荣一员，贵州航天将不忘初心、牢记使命，始终与国家民族、国防建设同呼吸、共命运，一如既往挺直“共和国长子”的坚实脊梁！

乘改革东风　走创新之路

——改革开放40年看航天三江沧桑巨变

刘淮宇

84岁的066基地原主任曹立家至今仍保持着写日记的习惯。在他位于武汉市航天花园小区的家中，书架上摆放的近百本日记本里，不仅记载着他参加工作至今40多年的人生经历，也尘封着中国航天科工航天三江的改革开放记忆。在1979年6月的日记中，当时还是政工部小年轻的曹立家多次提及基地的干部职工对邓小平同志讲话的讨论以及“真理标准大讨论”“解放思想”等词汇，今日翻阅，时代感扑面而来。

在北京，77岁的退休老专家李高风如今仍活跃在航天科普的一线。在给学生做讲座时，20世纪60、70年代使用过的手摇计算器、计算尺、曲线板等设备和工具是老先生经常展示的物品。每每看到它们，几十年型号研制工作中的成功与失败、喜悦与痛苦，连同型号试验的重要节点和细节往事都清晰地浮现在他的脑海中，“这些东西都是航天事业艰辛发展历程的见证”。

抚今追昔，伴随改革开放成长起来的不同年代、不同岗位的航天三江人有一个共同的体会：正是由于党中央和上级单位的正确领导以及思想解放和实干拼搏，才使得航天三江牢牢抓住改革开放带来的一次又一次难得机遇，在改革大潮中始终劈波斩浪、挺立潮头，走出了一条别具特色的高质量发展道路，一步步接近全面建成具有航天特色的国际一流高端装备企业的宏伟目标。

强军梦　生生不息

1979 年，当改革的春风吹过大江南北，由四部抓总的固体潜地战略导弹也进入了研制的关键期。

20 世纪 50 年代末，毛泽东主席发出了“核潜艇一万年也要搞出来”的号召，尽快研制出固体战略导弹成了当时一项极为重要的战略任务。1965 年，周总理在中央专委会上明确提出要争取提前搞出固体导弹。同年 8 月，七机部四院第四总体设计部在内蒙古宣告成立，拉开了我国固体导弹事业从无到有的序幕。

由于该型号是一个复杂系统，技术协调问题极为突出，加之上百家承担任务的单位分布在 20 多个省市，涉及多个工业部门和军兵种。这种系统间的协调就成了型号研制面临的最大难题。

1979 年 8 月，由国防科委任命的跨建制、跨地区的总设计师系统召开了首次总师扩大会，型号总设计师黄纬禄主持会议。现在众所周知的“四共同”原则，即“有问题共同研究，有困难共同克服，有余量共同掌握，有风险共同承担”，正是在会后根据会议内

容总结提炼出的。这28个字一直被航天人所推崇，至今仍是型号协调工作的金科玉律。

四部型号老专家杨德润回忆，正是黄纬禄这位日后的“两弹一星”功勋奖章获得者，带领着型号队伍让“蛟龙”出水、“巨浪”冲天，同时也奠定了型号系列的文化和精神基础。

1982年10月12日，我国自主研发的首枚固体潜地战略导弹巨浪一号在渤海海域发射成功；也是从那天起，我国成为世界上第四个能自行研制潜地导弹、第五个拥有水下发射战略导弹能力的国家，令世界为之惊叹。

时间回溯到20世纪70年代的湖北远安，由于既定投资不足、原先计划调整等多种原因，初步建成的066基地面临尴尬境地：型号任务量极其不饱满，单位和职工走到了活不下去的困境边缘。

凭着对强军报国的渴望和搞好基地建设的信念，在基地班子的带领下，型号战线一班人马瞄准国内尚属空白领域的某重点型号系统，开始了艰苦的研究。受他们感召，留苏归国的导弹专家王振华放弃了在北京的工作机会，加入这项研制工程。

国家实行改革开放政策后，陈旧的计划经济体制开始调整，允许军品研制有序竞争，同时鼓励发展民品。066基地敏锐地抓住了这些机遇，型号研制在曲折中不断取得新进展。

到了20世纪90年代，重点型号终于定型，有力地巩固了066基地的战略地位，也开创了三线基地独立研制生产全武器系统的先例。

1999年新中国成立50周年阅兵时，型号产品顺利通过天安门广场，航天人奔走相告。为这个型号的诞生作出巨大贡献的王振华很遗憾没能目睹这一情景，他因罹患癌症于1994年英年早逝。

团结争气、艰苦创业、求实自强、改革创新，这是经历筚路蓝缕、创业图存的航天三江人总结出的“三江精神”，也是他们矢志强军、至诚报国的写照。

时至今日，航天三江研制的型号已经形成系列化发展的新格局，多个型号装备及特种车底盘参加新中国成立 35 周年、50 周年、60 周年阅兵以及纪念中国人民抗日战争暨世界反法西斯战争胜利 70 周年阅兵、庆祝中国人民解放军建军 90 周年阅兵，为我国国防和军队现代化建设作出了突出贡献。

航天三江副总经理刘春认为，我国航天事业之所以能在短短几十年时间里取得举世瞩目的辉煌成就，航天精神和型号文化发挥了至关重要的作用，就像黄纬禄院士提出的“四共同”原则一样，都凝练着几代航天人的梦想与激情、奉献与拼搏。

闯荡市场经济大潮

早在改革开放初期，在“以民养军”思想的指导下，066 基地就勇敢走进市场经济的大潮，开始了发展民品的积极实践。“民品最初的探索一定程度上是出于稳定军品线队伍的需要。”1982 年参加工作、后来曾担任航天三江民用产业部部长的资深专务曹敬武回忆。

梅花扳手、脚轮运输器、卷烟机、电视机、电风扇、小面包车、水陆两用汽车……一时间，066 基地的民品成果遍地开花，在湖北省乃至整个中部地区形成广泛影响。

时至今日，退了休的老同志提起万山厂生产的面包车和江北厂生产的“双排座”（轻型汽车）仍然兴致盎然，“北有星光，西有万江”的盛名给了航天人发展民用产业的极大自信。

在那个物资尚不富足的年代，基地的职工能吃到新疆的哈密瓜、东海的带鱼等稀罕食品，备受关注的职工子女教育问题也因学校的建设和师资的加强得到很大程度的改善，这与民品发展火爆的关系密不可分。

改革开放不只带来了机遇，随着三线基地的封闭和程式化被打破，066 基地也遇到了人才流动的不小冲击。仅 1985 年一年，基地就调出 100 余名技术人员，而当年新进的技术人员仅有 20 名。“我们先是挽留、引导，实在留不住也只能放。”曹立家回忆说。

长期的实践和思考使得航天三江深刻认识到用好人才的重要性，也更善于利用改革等手段提升管理。1986 年，066 基地实行劳动合同制制度，迈出劳动用工制改革的重要一步。1987 年，开展事业单位职称改革。1988 年，所属单位普遍推行厂长（所长、经理）负责制。从 1991 年开始破格评聘 35 岁以下的高级工程师（“小高工”），1993 年开始破格评聘 45 岁以下中青年研究员。中国航天科工集团有限公司党组书记、董事长高红卫当时在 066 基地工作，就是第一批获聘的“小高工”之一。

1993 年 4 月，在 066 基地的基础上，中国三江航天集团挂牌，跻身于中国首批 55 家试点大型企业集团之列，致力于从传统生产型企业到集科、工、贸为一体的综合型企业集团的转变。

同样努力在市场大潮中掌握主动的，还有地处江苏南京的南京晨光。南京晨光的前身为 1865 年清朝洋务运动期间李鸿章创办的金陵机器制造局，距今已有 150 多年历史。

1996年，作为航天系统唯一的全国百家现代企业制度试点单位，企业改制为南京晨光集团有限责任公司。1999年，公司以其生产制造改装车类和管类产品为主的优质资产组建了南京航天晨光股份有限公司，并于2001年成功上市。

现年75岁的陈孟荦自1996年起担任南京晨光一把手。他清晰地记得，那个时候每周三晚都是领导干部的集中学习时间，而最主要的学习内容就是关于如何搞好市场经济。

2011年12月，为巩固和提升航天科工在导弹武器系统和固体运载领域的战略地位，更好地发挥固体导弹和运载领域国家队的作用，由原四院和原九院（066基地）整合重组的新四院在武汉挂牌成立，这是航天科工推进二次创业、优势互补、跨越发展迈出的关键一步。自那时起，航天三江迎来了发展的新阶段。

新时代　新起点　再出发

2018年9月，来自航天科工的一纸批文在南京“晨光1865文化创意产业园”一路之隔的地区，擘画出“晨光1865科技创新产业园”的新蓝图。

“晨光1865科技创新产业园”聚焦智能制造产业，将通过模式创新筹集资金、集聚资源，牵引、提升区域智能制造水平及产业发展，努力实现百亿元园区的战略目标。

发展智能制造产业只是航天三江加速推进高质量发展之路的一个缩影。

党的十八大以来，航天三江坚决贯彻中国航天科工集团有限公司“1＋2＋3＋4＋5＋N”转型升级战略部署和“五四三二一”重大举措，以“三创新”为抓手，以“三突破”为牵引，以“四个化”为导向，较好地完成了科研生产管理经营各项任务，经济规模持续增长，战略地位显著提升，转型升级成效显著，核心能力不断增强，人才队伍建设持续优化，顺利实现了“十二五”规划目标和

“十三五”良好开局。

近年来，航天三江大力调整优化产业结构，大力开展战略性新兴产业和高端技术产业发展布局，打造产业发展新动能和新支柱，商业航天、激光装备、能源装备、特车及重工装备重点产业步入发展快车道，信息技术、现代服务业产业自身发展提速，对重点产业的支撑作用也逐步放大。

商业航天产业　坚持“社会性总体院、社会性总体部、社会性总装厂”的原则，聚焦卫星服务业、卫星制造业、发射服务业和地面设备制造业四大领域，打造卫星发射与运用技术全产业链企业集群；2016 年注册成立航天科工火箭技术有限公司，2017 年 1 月，快舟一号甲通用型固体运载火箭成功完成“一箭三星”商业发射任务，创造了从合同签订到完成发射任务仅 8 个半月的“快舟速度”；2018 年 9 月，快舟一号甲固体运载火箭成功实施第二次商业发射任务，将微厘空间一号试验卫星送入轨道。

激光装备产业　抢占激光装备发展制高点，通过成熟管理模式输入、智力输入和产业支持，迅速将锐科公司发展成为全球第二家具备万瓦级光纤激光器研发能力的企业，于 2018 年 6 月 25 日在深圳证券交易所成功挂牌上市；2014 年 9 月投资成立的激光研究院公司，发挥孵化器作用，正引领激光装备产业规模化发展。

能源装备产业　2014 年对远方公司增资 1.75 亿元，加快发展能源装备产业，将远方公司打造成能源装备产业发展主平台，通过近年来的努力，成功研制出微型移动液化装置，撬装加注站、LNG 气瓶、加气机、低温阀件等系列产品，2017 年能源装备产业实现营收 2.54 亿元。

特车及重工装备产业　充分运用航天三江在超重型特种越野车及底盘研发生产 40 余年的技术积累，研发出系列井工矿运输装备，经过技术鉴定达到国内领先水平，2017 年营业收入首次突破 10 亿元。

航天三江党委书记、董事长郭勇介绍，进入新时代，站在新起点，航天三江党委按照航天科工党组安排部署，始终坚持贯彻落实集团公司各项战略部署和系列重大举措要求，瞄准“两大目标四步走”规划蓝图，主动开展对标分析研究工作，结合自身实际，提出“一个目标两个阶段四步走”中长期发展战略——全面建成具有航天特色的国际一流高端装备企业，支撑集团公司建设国际一流航天防务公司和具有全球竞争力的世界一流企业。

后续，航天三江将依托航天防务产业、“4＋3＋N”民用产业（“4”指重点聚焦商业航天、激光产业领域，积极发展特车及重工装备、能源装备产业；“3”指不断拓展信息产业、微电子与微系统、金融租赁等领域；“N”指推进N个产业技术转化及应用）、国际化经营等主要产业领域，推进重点专业技术发展，巩固并提升核心竞争力，推进中长期发展战略实施落地。

郭勇表示，以习近平同志为核心的党中央带领全党全国坚定不移走改革开放这条正确之路、强国之路、富民之路，我们坚决拥护。航天三江党委将以习近平新时代中国特色社会主义思想和党的十九大精神为指引，始终把党的政治建设摆在首位，自觉维护党中央权威和集中统一领导，强化“四个意识”，坚定“四个自信”，把两个坚决维护作为根本政治任务，在思想上、政治上、行动上同党中央保持高度一致，同集团公司战略部署保持高度一致，确保党的路线方针政策和集团公司决策要求有效贯彻落实，为实现航天梦、强军梦、中国梦作出新的更大贡献。

风雨兼程四十年　华章溢彩绘航天

李庆华

40 年，是历史长河中一个短暂的瞬间。但改革开放这除旧布新、波澜壮阔的 40 年，却深刻改变着中国，并深刻影响着世界。

从“单纯军工”到“民用产业”，从偏僻山沟到繁华都市，乘着改革开放的春风，牢记使命、奋发图强的风华人，40 年风雨兼程，40 年砥砺前行，用辛勤汗水和聪明才智，在贵州这巍巍高原、莽莽群山，谱写着航天的精彩篇章。

乘着改革开放的春风，风华风行中华

党的十一届三中全会后，随着党中央把工作重点转移到经济建设上来，风华人紧跟改革开放步伐，步入了国民经济建设和社会主义市场经济的新战场，从“单纯军工”走向“军转民”，迈入市场。

1983 年深秋，几丝寒意弥漫在贵州绥阳的空气中，而风华厂会议室的气氛，却紧张而“热烈”。当 6 月初新上任的吴民展厂长，刚提出上马电冰箱项目议题后，会议室如炸开了锅一样沸腾起来。

“我们没有这方面的任何技术和经验，太难了!”有人知难而退。

“稳扎稳打，做好手中现有的几个民品就不错了!”有人安于现状。

“这是一项大工程，技术、资金哪里来?”有人担忧顾虑。

“别冒进，容易犯错误。”有人好心相劝。

“第一，我们要进一步解放思想，转变观念，紧跟国家的改革开放政策。第二，作为军工企业，我们必须在国家经济建设为重点的工作中起到榜样作用。第三，随着居民生活水平的提高，电冰箱将走进千家万户，其市场、利润、影响力是我们现在印刷机、液氮容器等民用产品所不能比的。第四，我们要有战胜困难的信心，在改革开放的好政策下，资金可以银行贷款，生产技术、管理经验等我们可以引进。想想老一辈风华人白手起家建厂的时候，我们现在遇到的困难算什么？第五，我们要抓住这难得的机遇，认准的事，赶快干！出了问题，我负责！”吴民展的话语鞭辟入里、掷地有声。

一切按照“抓机遇、赶快干”的要求出发。1983 年 11 月 1 日，由吴民展任组长的开发生产电冰箱筹备组成立；1984 年 2 月 3 日，电冰箱测绘设计工作启动；6 月 23 日，贵州省电冰箱联合开发公司董事会决定，风华用“风华电冰箱厂”的厂名生产“风华牌”电冰箱；9 月 24 日，12 台电冰箱样机生产完成；10 月 20 日，电冰箱总装厂房举办奠基仪式；1985 年 1 月 17 日，吴民展和新加坡 ACMA 公司董事长在贵阳花溪宾馆，分别代表双方就电冰箱生产引进事宜签订合同；1986 年 7 月 28 日，风华电冰箱厂隆重举行引进生产线投产典礼仪式；1988 年 12 月 2 日，风华牌 BCD－180 四星级双门

电冰箱获国家银质产品奖；1991 年 4 月 8 日至 16 日，在中国国际贸易促进委员会主办的“第四届北京国际博览会”上，风华牌系列电冰箱荣获本届国际博览会金奖。“风华，风华，风行中华!”这句简单上口的电冰箱广告词流行全国。同期，风华电扇、医用加速器、印刷机、吸尘器等多个民用产品先后走向市场。

从 1984 年 9 月 12 台电冰箱样机生产完成，到 1997 年 9 月与海尔集团冰箱事业部签订合同进行合作的 13 年时间里，10 多个型号的 120 万台风华牌电冰箱走向全国除西藏外的所有省份，为千家万户居民带去了方便和幸福。风华人在圆满完成党和国家交给的各项国防武器装备研制生产任务的同时，在国民经济建设和社会主义市场经济的新战场上，书写出自己的精彩篇章。

“没有改革开放，就不会有风华牌电冰箱，更不会有那个时代风华的辉煌!”追忆往昔，许多风华人感慨的话语中洋溢着自豪和骄傲。

在深化改革开放中，“民用产业”跑出“加速度”

走出偏僻山沟、进入繁华城市的风华人，在新形势下、新环境中，不忘初心，砥砺前行。特别是党的十八大以来，风华人紧跟党和国家全面深化改革开放步伐，坚持融合发展战略，以军品、民品、协外配套“三轮驱动”为举措，跑出前进的“加速度”。

军品型号研制生产齐头并进。“军品是风华的基业，圆满完成各项武器装备型号研制生产任务，使命崇高、责无旁贷!”航天风华公司董事长、党委书记廖其刚强调。

作为多型号武器装备型号总装单位，航天风华公司按照十院“四个基地”建设要求，认真履行抓总职责，圆满完成一项项新型号研制、型号批次生产、售后服务、演练保障、接装培训等任务。公司参与总装、总测的系列型号武器装备，先后 5 次参加国家重大阅兵仪式，接受党和国家的检阅。

公司通过密切跟进新一代武器系统发展需求，积极争取预研项目立项；推进十院型号保障分中心建设，深度挖掘军品售后服务市场；从研制甚至预研阶段开始介入配套，加快相关单位配套项目研制进度等方式，彻底扭转了以往型号单一的困境，实现了新型号、改制型号、自研型号、外贸型号等多型号研制与生产齐头并进的良好局面。

民用产业提质增效。“没有研制生产难度的产品，在当今竞争激烈的市场中很难有立足之地！”“坚定信心，继续加大攻关力度，确保研制成功！”在公司民用产业典型产品新型森林灭火弹研制中遇到瓶颈问题后，公司总经理夏中瑁在现场鼓励技术人员。

在没有资料可参考、没有经验可借鉴的情况下，公司立足国内技术前沿，多方论证、大胆创新、多次试验，先后攻克灭火剂最优抛撒、引信可靠起爆、飞行稳定、灭火效能等多项关键技术难题，并获得20余项国家专利，成功研制出新型森林灭火弹。该产品具有机动性强、投射距离远、覆盖面积大、灭火效果好等特点，其综合性能处于国内同类产品先进水平，得到多方广泛关注，具有广阔的市场前景。这仅是公司民品开发的一个缩影。

几年来，公司坚持效益优先、风险可控、稳步发展的原则，深入开展民用产业转型升级，持续加强民品经营平台建设和商业模式创新，加快技术创新和新产品研发，不断提升民用产业发展能力。其中，新型森林灭火弹完成定型研制，并具备市场推广条件；家电配套市场持续巩固拓展，冰箱、热水器、洗衣机等配套业务统筹推进，市场规模稳步增长；LED灯新品研发、市场开拓取得新成果，LED高铁阅读灯成功进入高铁照明市场，坦克LED前大灯、LED直角灯等多型号产品配套客户增至27家。民用产业发展势头良好，年收入突破2亿元大关。

协外配套规模效益不断提升。“订单交给风华，质量和进度都放心！”在竞争激烈的市场中，客户主动将1 860万元的合同交给航天风华公司。这源于风华的综合实力和良好信誉。

公司紧抓科工集团贵州地区结构件 OEM/ODM 牵头单位契机，依托航天云网、专有云、大数据等平台，以抓好大客户、大订单、大配套为重点，不断创新市场拓展模式、强化市场开拓力度，推动协外配套横向从零件到组件、从组件到部套拓展，纵向从单纯生产制造到联合设计开发的转变，扩大配套业务领域、提升外配套等级。通过努力，以铝镁合金铸造为牵引的配套优势初步形成，年配套金额达 1 000 万元的客户有 6 家，上 5 000 万元的客户有 1 家。外配套产业从最初的不足 300 万，提升至现在的近 2 亿元，规模效益不断提升。

跑出“加速度”，必然取得好成绩。经过努力，公司“军品为基、民品为主、良性互动、协调发展”的局面全面形成，“三轮驱动”后劲十足。2017 年，公司营业收入突破 15 亿元，同比增长 26.85%，利润总额同比增长 312.31%，经济增加值超出目标值 510 万元，主要经济指标创近 10 年来同期最好水平，经济运行质量和效益呈现良好发展态势。

新时代，踏上新征程续写新篇章

进入新时代，踏上新征程，在习近平新时代中国特色社会主义思想指导下，风华人将紧跟集团、十院改革创新步伐，深入贯彻四大战略。以技术创新、商业模式创新和管理创新为抓手，以产品结构调整与优化突破、资本结构调整与优化突破、人力资源结构调整与优化突破为牵引，大力推进航天型号产品批生产、高端军品零部件协外配套、以电冰箱制冷系统为主的民用产业协调发展，精心打造航天产品总装、材料成型、电气互联、精密制造四大核心专业，为建成智能制造、国内一流的航天产品总装公司，实现军品基业稳固、民品稳步发展、核心专业突出、经济效益良好的目标而努力奋斗。

“大鹏一日同风起，扶摇直上九万里。”在新时代的春风里，风华人将再次扬帆起航，在“科技强军、航天报国”的新征程中，谱写新的篇章。

从航天信息金税产业发展看改革开放40周年

郑方圆

从古至今，税收都是国家财政收入的主要来源，是维持国家运转的“生命源”。改革开放以来，我国税政经历了利改税“两步走”、以增值税为主体的流转税制度，和营业税改增值税等多项改革创新。纳税人办税不用来回跑了，自助办税大厅出现在多个城市地区，电子发票开具、报销越来越便捷……一系列新变化成为改革开放40年我国税务信息化发展的真实写照。

一、从护航税改看改革开放40年的“惠民”成就

（一）筑牢防止偷漏税的“生命线”和“杀手锏”

20世纪90年代，改革开放成效初现，市场经济逐渐活跃。自1994年1月1日起，我国开始实行以增值税为主体的流转税制度。但由于增值税专用发票不仅能作为购销凭证，而且能抵扣税款，兼具货币的某些职能。因而，一些不法分子利用发票偷税骗税，致使国家税收流失严重。

航天人临危受命，用高科技手段成功研制了增值税防伪税控系统，从纳税和税收征管等方面构筑大国税收盾牌，为推进改革开放释放了更大的动能。为了集中精力建设好金税工程，确保防伪税控系统在全国推广应用，2000年11月1日，由中国航天科工集团有限公司控股、以信息安全为核心技术的航天信息股份有限公司正式成立，开启护航我国财税安全的创新之路。

增值税防伪税控系统自运行以来，实现了增值税发票全过程的

防伪、识伪和税控，从技术上有效遏制了涉税违法行为，整顿规范了市场经济秩序，成为国家信用体系建设的重要组成部分。航天信息累计投入数十亿元、2 万多人，开展税控领域的预先研究，攻克了多个技术难关，并先后对增值税防伪税控系统及配套软硬件进行了 4 次大规模、全方位升级，实现了增值税征管的信息化、自动化、集约化、规范化和系统化，提高了税收征管工作的质量和效率，为国家宏观经济分析和决策提供了丰富的实用数据。

党和国家领导人也经常对增值税防伪税控系统助力金税工程给予褒评，称这套系统是防止偷漏税的“杀手锏”和“生命线”，是具有中国特色的创造发明。该系统也先后荣获国家科学技术进步奖二等奖、国家优秀发明专利奖、科技部科技进步奖二等奖、“神华杯”中央企业青年创新奖金奖等一系列奖项和殊荣。

（二）承担营改增工程推动国民经济转型升级

随着我国改革开放进程的加深，“粗放型”扩张对于经济结构

的副作用日益凸显，为此，政府提出稳增长、调结构等多项改革发展目标，而实现结构性减税是其中一项重要手段和方式。由此，以减税为重要指导思想的“征收营业税的行业改为征收增值税”应运而生，被认为是1994年分税制改革以来最深刻的一次财税改革。

2011年10月26日，国务院常务会议决定开展深化增值税制度改革试点。自2012年1月1日起，在部分地区和行业，逐步将征收营业税的行业改为征收增值税。

2016年5月1日，我国将营改增试点工作全面推开，将建筑业、房地产业、金融业、生活服务业纳入试点范围。从1950年我国统一全国税政时设立的营业税逐步退出历史舞台。

作为营改增核心设备及系统提供商与服务商，航天信息应用云计算、大数据等新技术对增值税防伪税控系统进行全面升级，完成重大的技术革新，承担起全国营改增试点工作的重头戏。

从2013年完成全国试点工作，到2015年升级版防伪税控系统在全国大规模推广，再到2016年5月1日，配合税务部门保障营改增在建筑、房地产、金融和生活服务等最后四个行业成功推广，航天信息遍布全国的服务体系上下一盘棋，践行央企责任，在人、财、物等方面发挥主力军作用，为助推结构性减税新政落地保驾护航。从雪域高原到江南水乡，从繁华都市到偏僻村镇，2万多名航天信息股份有限公司的干部员工怀揣共同的理想、信念和情怀，夙兴夜寐、奋勇拼搏。许多让竞争对手望而却步的危险、贫困地带，航天信息的工程师却常年在此独自跋涉，为用户提供上门服务。

最终，航天信息高质量圆满完成了“营改增”全国推广任务，服务企业用户超过900万户。同时，通过有效挖掘利用涉税数据，在保障国家税收安全的同时，还加速了中国“互联网＋税务”的步伐。

（三）助力国家机构改革实现财政一体化

改革开放以来，我国已进行7次国务院政府机构改革，力图降低行政成本，提高行政效率。习近平总书记在党的十九大报告中就深化机构改革作出了重要部署。2018年3月13日，《深化党和国家机构改革方案》公布，其中明确指出“改革国税地税征管体制”，省级和省级以下国税地税机构将进行合并。

国地税机构合并是我国新时代税收征管体制一项根本性变革，将有效解决办税“多头跑”、政策“多口径”、执法“多头查”的问题，促使征管口径一致，降低企业纳税成本、国地税之间的协调成本，提高税收征收效率，有利于税收征管统一维护各地区企业的公平竞争。

基于“金税工程”建设的成功经验以及雄厚的技术积累，航天信息提前布局国地税合并的系统整合，针对机构合并后税务部门面临的信息系统重大升级，包括实体办税厅业务通办、各类保险费统一代征、全国统一非税收入征管与服务、实现财政一体化（税收＋非税收入＋保险费）收入征收管理功能等需求，拓展形成电子税务局等系列产品及解决方案，建成了完全符合金税三期架构要求的，支持国地税网上联合办理，基于互联网云平台、业务自动识别、数据自动分发的电子税务局，实现了国地税业务深度融合。

二、从税务信息化看改革开放40年的“便民”春风

改革开放40年以来，我国的数字化、信息化建设从无到有，从弱到强，提升了各行各业的发展成效，改善了老百姓的生活方式，惠及了每一家企业、每一个家庭。税务信息化便是我国信息化发展的一个缩影。

（一）电子票据全国推广让群众“少跑腿”

电子发票是现代信息社会的产物，在简化发票使用流程、降低成本费用、绿色环保、方便用户以及杜绝假发票等方面有着天然优势。

2012年年初在北京、浙江、广州、深圳等22个省市开展电子

发票应用试点后，国家税务总局在发布的《网络发票管理办法（征求意见稿）》中提到，国家将积极推广使用网络发票管理系统开具发票，并力争在三年内将电子发票推广到全国。航天信息从 2012 年开始进行电子发票研究，在相关领域积累了丰富经验。

而在电子发票领域之外，我国政府全面推进财政电子票据管理改革，将行政事业性收费收入、彩票公益金收入、医疗收费等 17 类票据纳入财政电子票据范畴，解决了财政电子票据交付“最后一公里”的问题。航天信息借鉴智慧税控技术，提出“稳步推进财政电子凭据管理改革试点方案”，充分运用互联网、移动智能等信息技术手段，建设了科学完善的财政非税电子凭据管理系统，丰富电子凭据公众服务端功能，提供多种凭据交付及查验方式与报销途径，为“信息多跑路，群众少跑腿”的服务管理新模式提供支撑。

（二）智慧办税带来“一站式”新体验

在新的改革开放大环境下，党的十八届三中全会对建设服务型政府提出新要求，税收征管模式逐渐由管理向服务转变，纳税人需

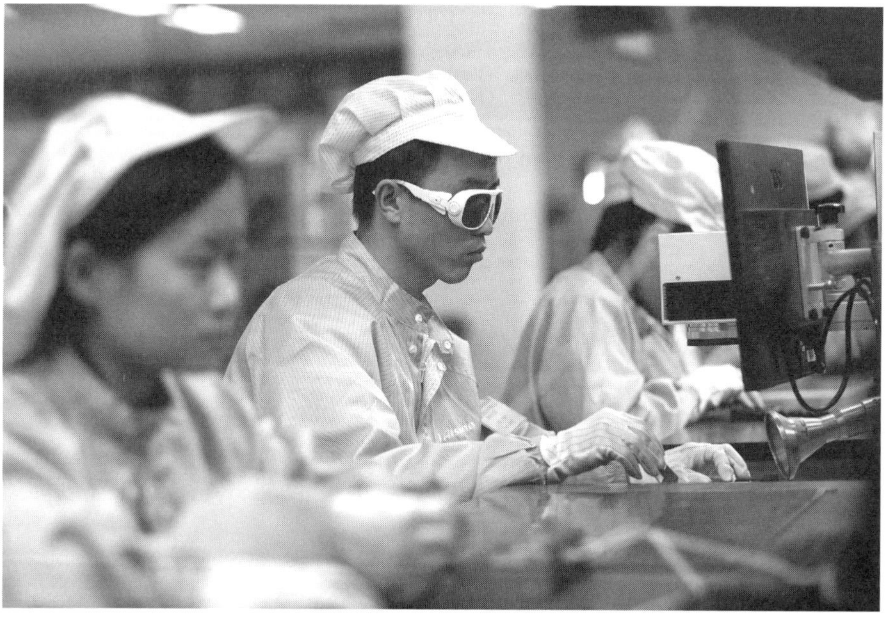

要便捷、高效、个性化的税收服务和最佳的办税体验，这就形成了税务信息化、智能化的新需求。

2018年年初，航天信息紧跟改革开放新发展理念，融合人工智能与互联网技术，与河北省税务机关在邢台合作建设了国内首家无人值守“一站式”自助办税场所——智慧云自助办税厅，将人工智能生物识别技术应用于办税终端，实现了实名办税到实人办税的跨越。在智能办税终端上，可以实现全程自助、智能地办理95%以上涉税业务。通常情况下，办税人用2秒钟“刷脸”就可以完成身份确认，平均只用10分钟就可以实现“一站式”业务办理，实现了信息多跑路，群众少跑腿，群众频频为税务部门点赞。

凭着出色的技术、营销和售后服务，航天信息在全国各省市配合税务机构建设了300多个不同规模的自助办税厅，投放自助终端过万台，在方便纳税人办税的同时，助推税务部门深化“放管服”改革，服务国地税合并，优化税收营商环境。

（三）区块链技术为电子发票“加把锁”

在改革开放40年的当口，区块链成为新一波技术浪潮的热词。区块链在资本市场引爆热点之后，各个行业开始认真思考区块链技术的落地应用。

而早在2016年，航天信息就已经着手研究区块链技术，探索典型应用，开发了拥有自有知识产权的面向企业级应用的基础开发平台——区块链技术开发平台，在国米算法应用、交易吞吐量、海量数据处理等走在行业前列。

为解决电子发票共享难、流转难、归集难、查验难等行业绊脚石，利用区块链开放共识、智能合约、去“中心化”、不可篡改、分布式共享、隐私保护等特性，航天信息选择联盟链方式进行电子发票区块链流转与融合应用平台建设，使得发票流转及应用相关业务可以在区块链链中完成。基于区块链的电子发票平台让多方发票信息共享变成现实，降低对企业监管成本，全面提升互信、安全、便捷，用“智”引领行业未来发展，为税务部门从“以票控税”向“信息管税”管理转变提供支撑。该平台目前已在湖北、山东、北京、内蒙古和宁夏 5 个地区开展试点工作，进展良好。

改革开放的辉煌 40 年，也是我国税制改革和税收现代化建设的 40 年。税制改革对改革开放的推进、对我国经济社会发展的促进发挥着至关重要的作用。在这一伟大进程中，航天信息不忘初心，牢记使命，走出一条独具特色的转型升级发展道路，成长为国家大型信息化工程的主力军。

改革开放深入推进，航天信息护航大国财税安全的步伐也将越发坚实。新一代信息技术发展日新月异，航天信息还要继续高擎创新大旗，捍卫国家经济安全，助推释放改革红利，助力我国税收竞争力提升。

挺起固体动力事业脊梁

魏京华

中国航天科工集团有限公司六院被誉为我国固体火箭发动机的摇篮，曾获得我国唯一一块优质固体火箭发动机金牌，并在国家固体动力发展史上创造了以巨浪一号为代表的十余项第一。几十年来，百余种武器型号、宇航产品固体发动机在这里诞生，推动了我国固体动力事业从无到有、从小到大、从弱到强。

如今的六院是由院本级、5 个综合性研究所和 3 个大型生产厂及民品公司、服务保障单位组成的综合性研究院，是航天事业发展的骨干力量。然而，很难想象的是，40 年前这家单位还在为生存下去而不懈奋斗。

六院的成立最早可追溯到 1962 年的泸州，彼时它的名字叫作国防部五院固体发动机研究所（后改为国防部五院四分院）。1965 年，四分院整体转移到呼和浩特，更名为七机部第四研究院。

成立初期，七机部四院的科研生产能力比较薄弱，但却出色完成了我国第一个固体火箭发动机的研制生产工作。这枚发动机是我国长征一号火箭的第三级发动机，它将我国第一颗人造地球卫星东方红一号成功送入了预定轨道。

由于在东方红一号任务中表现出色，七机部四院一时声名鹊起，研制人员代表在天安门得到了毛主席的接见。此后，四院接连攻克诸多技术难关，研制成功了多个重要型号的发动机，极大地推动了我国固体动力事业的发展。

然而，这一良好发展势头在 20 世纪 70 年代末戛然而止。“那时，国家对固体动力领域的科研生产力量进行了转移。在将大部分的骨干技术人员、重要设备和重点任务转移到西安之后，留在呼和浩特市的单位更名为四院驻内蒙古指挥部。”原内蒙古指挥部副主任陈克明说道。

经历大规模调整之后，内蒙古指挥部几乎从零开始，被迫站在了新的发展起点上。指挥部领导班子将工作重心放在了技术创新上，先后组织开展了10个预研课题、5个新型发动机研制。

没有任务，就自己找方向；没有资源支持，就自筹资金、自己培养人才……调整之后的内蒙古指挥部虽然实力下降了很多，但组织和人员变得更稳定了，大家以破釜沉舟的决心开启了新的发展历程。

功夫不负有心人。几年后，内蒙古指挥部自主开展的研究课题逐渐获得成果。这些技术有的进一步提升了发动机性能，有的为新一代发动机研制提供了“门票”，为后续争取国家任务打下了坚实基础。

“正是这些技术积累，让我们得到了某重要型号发动机的研制任务，并陆续打造出多个‘国之重器’。如果没有创新，我们可能

早就发展不下去了，国家研制装备也会受到极大影响。”该院党委书记赵勇说。

成功获得该任务，让内蒙古指挥部在业界重新打响名号。原来以为指挥部已经名存实亡的人开始逐渐意识到，这批留下的人正为祖国的国防事业顽强地活着，并逐渐形成了自己的独特竞争力。

1999 年，内蒙古指挥部更名为六院，开启了发展的新阶段。此时，指挥部时期的诸多预研课题陆续结出“累累硕果”，让六院先后获得了多个国家重点型号的研制任务。其中，返回式制动火箭发动机连续 25 次将返回式卫星送回华夏大地，我国成为第三个掌握卫星回收技术的国家；上面级固体近地点变轨发动机 2 次将卫星送入地球同步转移轨道，开创中国固体火箭跻身国际发射舞台的新纪元；重点型号 4 次亮相阅兵方队，举国振奋，让世界感受到大国崛起的非凡力量。

陈克明等亲眼见证六院改革发展的“功勋前辈”，谈起现在的六院时，“变化太大了”总会成为他们的口头禅。

这些变化体现在六院的各个方面。曾经，技术人员用手摇计算机和卡尺设计出了我国最早的固体发动机，而现在集团公司基于协同创新模式的先进固体动力创新平台、固体动力 VR/AR 设计仿真平台、推进剂配方协同仿真设计平台等信息化平台，让发动机设计水平和试验验证能力不断跃升；曾经，工人们用机械式的机床和手工刀具生产出了最早的型号产品，而现在先进的机械臂、高效的生产线、智能的柔性制造单元等，让车间的生产能力成倍地增加……

“以某喷管为例，现在一个月的产量是以前一年产量的好几倍。以前，我们有一把好的刀具就高兴得不得了，现在车间里不仅有数控机床，还有了智能机器人，你说这变化大不大。”已经在红岗公司工作 42 年的老师傅柴桂林回忆道。

“变化太大了”还体现在一系列宏观数字上。党的十八大以来，六院营业收入、利润、全员劳动生产率年均增长均保持在两位数以上；型号发动机始终保持国内前列，民用产业发展格局不断优化……

产业领域的不断拓展也是变化的一部分。六院在始终保持型号发动机国内前列的同时，以发动机的“小切口”闯入商业航天的“大市场”。在原发动机技术攻关的基础上，六院完成了快舟固体运载火箭发动机条件建设、地面试车，优化并确定了发动机后续飞行产品的技术状态，为快舟系列火箭的发展提供了有力的动力保障。

与进军商业航天相同步，六院民用产业的发展亦如雨后春笋般强劲。六院着力构建了以防务装备产业、商业航天、智慧智能产业、先进制造服务产业和新一代材料和化工产业为主攻方向的产业发展新体系。集团公司应用化学协同创新中心、智慧物联网协同创新中心一一落户六院。如今，高性能纤维、柔性功能复合材料、精细化工产品和组合式房屋以及汽车内饰产品等成为六院发展新的支撑点，智慧物联网、新能源装备、环保装备等有望成为新的经济增长点。

在“一带一路”的倡议下，六院大力开拓国际市场，在外贸型谱不断完善的同时，自营产品销往 20 多个国家，参与“一带一路”

沿线多个国家国际工程项目建设，国际化经营占营业总收入的比重较之“十二五”初期增加了5倍。

自主创新是六院改革发展的“不二法宝”，如今这一优良传统通过“双创”得以传承。六院在“双创”领域大刀阔斧、深耕细作，走出了王峰、张钰等一批“明星创客”，建成了线下双创孵化中心、专有云众创空间平台，形成了52个小型创新工作室和20余个联合创新平台。

“40年前，改革开放的春风让六院有了新的活力、新的体制机制和思想，航天固体动力事业实现了新的辉煌。新时代、新气象，六院将深入贯彻落实集团公司重大战略部署，坚定信心、凝心聚力，改革创新、发愤图强，努力实现航天固体动力事业的新作为。”该院院长刘文军说。

创新超越　飞航动力事业40载砺剑行

刘一丹

40年百舸争流，40年砥砺奋进，40年创新超越，40年满腔热血。以“动力先行”为己任，中国航天科工集团有限公司三院31所走出了一条我国飞航动力事业的创新发展之路。从鹰击八号导弹开启固体火箭发动机系列化研制征程，到肩负海防使命的“强国弹”装上国产涡喷发动机，再到涡扇发动机跟随巡航导弹方队在天安门广场接受检阅，我国飞航动力事业发展跨过了一座座里程碑，31所人用敢为的气魄和有为的担当肩负起富国强军的神圣使命。

抓住机遇　成就创新发展之路

20世纪50年代，按照国家“导弹研制、动力先行”的方针，

飞航动力事业白手起家，艰难起步，承担起对冲压发动机技术进行初步探索的任务，开启了我国冲压发动机的研制历程。

1960 年 11 月 23 日，我国首个冲压发动机试验件“341”点火试验成功，掀开了中国冲压发动机研制的新篇章。1984 年，鹰击一号顺利完成了各项飞行试验，使我国成了当时世界上少数几个掌握冲压发动机技术的国家之一。

十一届三中全会后，改革开放的生机活力为飞航动力事业迎来了快速发展的春天。以冲压起家的 31 所，在铸剑砺心的强军报国之路上不断开拓新领域。

在新中国成立 35 周年阅兵仪式上，被誉为“玲珑一代”的鹰击八号导弹在一片欢呼声中经过天安门广场，开启了 31 所固体火箭发动机系列化研制的新征程。1986 年，31 所率全国之先，开展了小型弹用涡轮喷气发动机研究，并成功为肩负海防使命的“强国弹”装上了第一型国产涡喷发动机。31 所人“十年磨一剑”研制成功的弹用涡扇发动机，跟随巡航导弹方队在天安门前接受党和人民的检阅。

经过改革开放 40 年的持续创新开拓，31 所已掌握了冲压、火箭、涡轮等多型动力技术，发动机自主研发生产的工程化、系列化水平达到了国内领先，并以此为优势在国内率先开展了组合动力技术的探索研究，引领我国在空天动力技术方面的创新发展，为飞航导弹大家族铸造了无数个坚强的“心脏”。

40 年来，31 所不忘初心，始终坚持自力更生、艰苦奋斗，走出了一条“仿制改型、自行设计、自主创新”的发展之路，发展成为年产值近 40 亿元的综合性空天动力装置研究所，几代 31 所人用澎湃生命力谱写了中国飞航动力事业波澜壮阔的恢宏篇章。

不忘初心　勇担强军报国之责

40 年来，31 所一直以发展飞航动力事业、打造现代化的卫国御敌之利器为初心，始终秉承“国家利益高于一切”的核心价值观，全面履行“科技强军、航天报国”的企业使命，为维护国家主权和民族利益发挥了中流砥柱作用。

如今，31所具备了完善的发动机自主设计、生产和试验验证体系，实现了从“数值仿真分析”向“数字化协同设计”，从预研、研制、批产“混线”向“数字化制造快反中心”，从“小尺度部件级试验”向“大尺度精细化整机试验验证”的转变，实现了发动机研制从“引进消化吸收再创新”模式向“集成创新”“原始创新”模式的转变，逐步成为飞航与空天动力领域的领跑者。

31所聚焦国家重大项目，在多个领域取得了一系列国际、国内领先的研究成果；充分发挥两个国家级实验室创新平台的开放、引领作用，以核心技术重大创新为支撑，形成了多项基础性、前沿性、颠覆性技术；先后获得21项国家奖励，257项部级奖励，其中8项成果荣获国家科学技术进步奖特等奖和一等奖。完备的技术发展体系使31所具备了自主创新与可持续发展能力，形成了“飞航导弹、无人装备、空天飞行”三大领域发展格局，正全力建设国际一

流空天动力技术研究所。

融合发展　航天技术服务于民

40年来，31所始终以推动国家经济建设和国防建设为己任，积极发挥航天动力技术对社会经济的带动引领作用，面向市场，加快形成全要素、多领域、高效益的深度发展格局，推动新技术、新产品、新业态、新模式快速发展。

2008年，31所创造性地运用先进技术，圆满完成了北京奥运会奥运火炬研发任务，为“奥运火”装上了“航天心”；运用航天技术，攻克了火焰在低温、低压、缺氧、大风的珠峰稳定燃烧的世界性难题，航天动力之火闪亮珠峰之巅。

在技术创新的基础上，通过管理创新和商业模式创新，31所构建了“小核心、大协作、开放式”的研发生产体系，主动融入社会发展大环境，加强企地间产业合作，拉动区域经济发展，与300余家院校企业建立了协作配套关系，为国防事业进步、经济社会发展和企业可持续发展注入新的动力。

薪火传承　砥砺前行再奋进

40年来，31所人不仅创造了非凡业绩，也积淀了以传统精神“动力创新、求实诚信、质效图强、敬业团队”为代表的精神财富。从飞航动力事业诞生之初，这16个字便成为塑造31所员工精神品格的内在基因，成为飞航动力事业不断发展的力量源泉。

多年来，31所培养造就出一批伟大的科学家，走出了两院院士3人，千人计划专家1人，国家千百万人才工程专家1人，国际宇航专家1人，更有一大批享受国家特殊津贴专家、各级学术带头人、全国技术能手等高层次人才，为飞航动力事业的蓬勃发展作出不朽贡献。

踏上新征程，荣光再启航。以动力先行为己任的求索脚步从未停止，创新的血液一直传承流淌至今。肩负新使命的 31 所，将在十九大精神的指引下，牢记“科技强国、质量强国、航天强国”要求，不忘初心，牢记使命，向着“探索浩瀚宇宙、发展航天事业、建设航天强国”的航天梦砥砺前行。

求实创新　引领飞航
在探索中奏响强音

李　丹

1978 年，以党的十一届三中全会为标志，中国开启了改革开放历史征程，40 年众志成城，40 年砥砺奋进，40 年春风化雨，中国人民用双手书写了国家和民族发展的壮丽史诗。一滴水可以反映太阳的光辉，改革开放 40 年来，中国飞航导弹事业也走过了一条从自行研制、高速发展，到开拓创新的腾飞之路。

创新驱动　科研生产硕果累累

1960 年 4 月 26 日，第三总体设计部正式成立。20 世纪 60 年代，三部从仿制开始，创造性地迈出了研制飞航导弹的第一步，走上了自行研制的道路，先后设计研制成功了某岸舰导弹。70 年代改革开放为三部注入了新的活力，三部励精图治使我国有了常规导弹的军事力量，某产品震撼巴黎航展，受到国外媒体的极大赞誉。80 年代，三部初步具备了自主设计、独立研制开发导弹武器的技术能力，其独立研制的某产品获得国家科技进步奖特等奖，亮相国庆 35 周年阅兵式。90 年代，面临新的国际形势，三部瞄准世界军事科技的最前沿，相继研制出一系列新型导弹，某产品亮相国庆 50 周年阅兵式。进入新世纪，特别是经过近 10 年的大步前进，三部为用户提供了多个系列、多种类型导弹，多项技术研究在国内处于领先地位，其中部分技术在国内处于绝对领先地位，多型新一代信息化和快速精确打击武器装备基本上达到了国际先进水平，大大增强了我国的军事力量。

回望改革开放 40 年，三部始终秉承“求实创新、引领飞航”的企业精神，聚精会神搞建设，一心一意谋发展，取得了丰硕的成果。累计获得国家级、省部级科技奖励 300 余项，其中国家科学技术进步奖特等奖 3 项、一等奖 7 项，首届颁发的创新团队奖 1 项，国防科学技术进步奖特等奖 5 项，先后获得载人航天贡献奖、全国质量奖等多项荣誉，为我国国防武器装备建设和国民经济建设作出了突出贡献。

统筹规划　能力建设成绩斐然

改革开放以来，在国家的大力支持下，三部先后落实了多个项目研制保障和批产条件等核心能力建设项目。通过项目建设，三部已经拥有了较为先进的设计研发、试验验证和制造集成环境，实现了“设计上台阶，工艺上水平，试验验证上规模，批产能力达纲领”的统筹建设规划目标。

一直以来，三部依照网络化、数字化、智能化和云化的思路，重点加强设计仿真、虚实结合试验验证、基础配套等条件建设，包

括仿真试验、大型综合热环境试验等在内的大型实验室群，其规模和技术指标达到国际先进水平，具备了强大的试验验证能力；另外以虚拟样机中心、600万亿次高性能计算中心为代表的工程信息化环境，极大地满足了设计研发的计算任务需求；建成了主要专业产品数据管理环境，初步具备了基于三维模型的结构与工艺协同设计能力；固化研发流程与专业设计模板，有效提高了产品一次成功率；多项目管理系统实现了项目计划、进度、质量、资源、状态和费用等科研生产与质量体系要素信息的管理、共享、关联和呈现；基本建成满足分级保密要求的信息安全体系，包括涉密网络系统的物理安全、运行安全与信息安全；坚持统筹规划的建设原则，合理规划区域布局，形成了多个优势专业，有效改善了整体科研生产条件，有力保障了我国武器装备生产任务的顺利完成。

提质增效　基础管理不断夯实

新一轮的科技革命和产业变革，对企业管理既带来了挑战，又带来了巨大的创新空间和发展潜力。改革开放以来，三部深入推进管理改进，扎实开展规章制度体系建设，完成体系架构与流程架构的协调统一；坚持管理创新探索实践，荣获国家军工企业管理创新成果一等奖；大力推进两化融合，管控能力稳步提升，形成了面向研发设计、试验验证、生产制造、维护保障和经营管理的数字化研制新体系；全面提升资源共享、协同应用、信息安全管控、决策支持、信息服务、精细管理及过程控制与重组等能力；有效解决产品全寿命周期跨专业协同设计、全三维设计、数字与实物一体化试验验证、设计制造一体化、数字化工装工艺设计、产品全生命周期数据管理等难题，主要技术成果达到国内先进水平。

总揽全局　人才队伍不断壮大

改革开放40年来，三部之所以能够取得辉煌成就，主要得益于党的领导，得益于党的科学理论和正确路线方针政策，得益于党的严密组织体系和强大组织能力。在三部的发展过程中，党的建设持续增强，把方向、管大局、保落实作用充分发挥；思想政治工作深入人心，科技工作者凝聚力、向心力不断增强。人才作为企业的第一资源，三部坚持“党管干部”“党管人才”的原则，一直以来将人才工作融入中心工作，服务发展大局。

以产品研制为根本，三部组建了50多支产品项目队伍，不断完善项目两总系统管理架构，形成老中青结合的人才梯队培养模式，培养造就了一大批政治过硬、技术精湛的高层次专业技术人才，有效发挥了专业技术引领、重要课题攻关的重要职责；开展“创新团队建设”专项工作，给予团队专项人才培养经费资助，经过近10年的运行，已成为三部青年创新型人才成长的重要平台；在某些重点产品研制过程中，成立IPT协同工作室，打破原有单位、专业的界限和壁垒，探索构建动态协同工作模式，提升多项目协同研制效率，缩短技术协调链条，共享系统内优势研发力量；完善柔性引才、用才机制，联合清华大学、北京航空航天大学、西北工业大

学、哈尔滨工业大学、四川大学、南京航空航天大学等建立了良好的人才培养和人才引进合作伙伴关系，建立了外部与内部人才、专家和团队的合作共享机制。

“桃李不言，下自成蹊。”改革开放以来，三部建立了一支综合素质高、职业能力强、勇于创新、富有活力、组织高效的人才队伍，走出了一条具有中国特色、航天特色的人力资源开发管理之路；40 年间共产生中国工程院院士 3 人，国家重点型号总设计师和总指挥 70 余人，国家级别专家 60 人次，省部级专家 90 人次，国家级科技创新团队 1 支，省部级创新团队 4 支，为我国飞航导弹事业不断迈向国际一流提供了坚实的人才保障和智力支持。

未来，三部将不忘初心、牢记使命，继续以逢山开路、遇水架桥的开拓精神，以建设国际领先的武器装备和体系解决方案提供商为目标，提高专业支撑能力，打造飞航武器精品，优化飞航发展生态，潜心锻造能打仗、打胜仗的大国长剑，用忠诚、智慧和汗水书写飞航事业更加绚丽夺目的华彩篇章！

开创商业航天发展新模式

——航天三江发展商业航天产业纪实

陈新勇

我国的航天事业经过60余年的发展，当前正处于一个新的历史起点上。习近平总书记在首个“中国航天日”明确指出：“探索浩瀚宇宙，发展航天事业，建设航天强国，是我们不懈追求的航天梦。”

党的十八大以来，航天强国、“互联网＋”等国家重大战略和重要举措的深入推进，对我国航天事业的发展提出了新使命、新要求。航天三江以发展商业航天为顺应发展趋势的战略选择，牢牢把握“成功是硬道理、发展是硬道理”的总原则和“社会性总体院、总体部和总装厂”的产业功能定位，不断刷新着中国商业航天发展的新高度。经过近10年的砥砺探索，打造出以快舟系列固体运载火箭为代表的明星产品，取得了一系列举世瞩目的成就，产生了深远的社会影响。

快舟系列固体运载火箭：打造商业航天发射新名片

航天三江党委认真贯彻落实集团公司党组战略部署，坚持商业航天，动力先行，自2005年开始快舟固体系列运载火箭研制工作，以“快、好、省”为原则推进运载技术发展，服务商业航天发射。

快舟系列固体运载火箭采用星箭一体化设计理念，是我国首个具有低成本、快速集成、快速入轨创新特点的固体运载火箭，可应用于自然灾害突发、地面监测和通信系统发生故障时，实现卫星的快速发射和空间部署，及时获取灾害情况信息，为最大限度地减小灾害损失和组织抗灾救灾创造条件。

2013 年和 2014 年，航天三江分别发射了快舟一号和快舟二号两颗对地观测试验卫星，开创了我国用固体运载火箭成功发射卫星的先河，这是航天三江快舟系列固体运载火箭在商业航天产业领域的初步尝试。

2017 年 1 月 9 日，在酒泉卫星发射中心，快舟一号甲小型固体运载火箭成功发射，将 3 颗卫星准确送入预定轨道，这标志着航天三江在商业发射领域迈出开创性的一步。

从 2016 年 4 月签订发射服务合同到 2017 年 1 月初完成发射，航天三江创造了 8 个半月完成商业发射的“快舟”速度。为了实现“快舟”速度，快舟一号甲简化了发射保障设施，发射准备周期大大缩短，可满足小卫星、微小卫星的发射需求。此外，火箭还采用水平总装、水平测试、水平运输的“三平测发模式”，提高了操作

便利性；具备先进末级，可同时保证多轨道发射能力和高精度入轨姿态，满足一箭多星需求。

作为一型低成本、高可靠性的通用型运载火箭，快舟一号甲采用国际通用接口，主要为300千克级低轨小卫星提供发射服务。在国际商业发射中，小型运载火箭发射报价一般为每千克2.5万～4万美元，相比之下快舟一号甲价格更具竞争力。

中国商业航天发射市场蕴含着巨大商机，快舟系列固体运载火箭首次商业发射的成功赢得了商业发射需求用户的高度青睐。2017年4月24日，快舟一号甲一次性收获4发火箭发射服务合同，将在一周内完成4颗卫星连续发射服务，探索遥感星座的快速构建。

除此之外，相比快舟一号运载能力提升5倍的快舟十一号（KZ－11）运载火箭按照“航天质量管理＋民企经营体制”相结合的全新研发模式，能够满足卫星商业化、高密度、快速发射的需求。

KZ－11运载火箭采用车载移动方式发射，火箭起飞质量78 t，箭体直径2.2 m，近地轨道最大运载能力1 500 kg，700 km太阳同步轨道运载能力为1 000 kg，主要承担400～1 500 km近地和太阳同步轨道小卫星、微小卫星单星及多星组网发射任务。

持续拓展：为商业航天增添新动能

为认真贯彻落实习近平总书记在党的十九大报告中提出的“建设航天强国”战略安排，航天三江党委审时度势，不断突破传统航天的发展模式，以“信息化、社会化、市场化、国际化”为导向，按照“社会性总体院、总体部和总装厂”的产业功能定位，汇聚各方资源，引入市场“活水”，努力开辟运载发射服务市场，确立商业航天发射及应用的国内领军地位，打造成为国内一流、国际知名的专业商业航天服务公司。

2016年8月5日，中国航天科工集团有限公司与湖北省人民政府、武汉市人民政府共同筹建的我国首个国家级商业航天产业基地——武汉国家航天产业基地，正式获得国家发改委批复。基地以发展商业航天为主导，以新一代航天发射及应用为核心，旨在打造航天运载火箭及发射服务、卫星平台及载荷、空间信息应用服务、航天地面设备及制造等四大主导产业。

2017年4月24日，该产业基地正式开建，这个占据万亩的园区，吸引着来自社会的技术、产业、资本等各方面优势力量源源汇入，并发挥辐射带动作用，对“长江经济带”产业发展提供有力支撑。

率先入驻基地的航天科工火箭技术有限公司（简称火箭公司），是中国首家按商业模式开展研发和应用的专业化火箭公司，由航天三江于2016年2月在武汉注册成立，主要从事运载火箭的设计、研发、生产、销售，以及航天器的研制、生产、试验与发射，面向国际和国内承揽商业发射服务。

在大力开展运载火箭发射服务的同时，航天三江坚持商业应用的主体导向，针对物联网、大数据等未来产业发展需求，全力布局

微小卫星研制领域，开展低轨小卫星通信星座系统（简称“行云工程”）项目研制工作。依据整体规划，该星座包括百颗低轨卫星，可实现全球范围内物联网信息的无缝获取、传输与共享，同时构建包括云计算、大数据等服务的信息生态系统。项目应用行业领域包括野外数据采集、物流运输、安全监测、救灾应急等。

目前，航天三江自主研制的“行云工程”项目首颗技术验证星行云试验一号卫星已于2017年1月9日发射入轨，以后还将完成两颗试验卫星的发射，并开展应用服务试运营工作。

据美国航天基金会发布的《航天报告》显示，2017年全球航天经济总量达3 835亿美元，其中商业航天占80%。国际商业航天发展迅猛，在空间运输、卫星遥感等方面商业化进展显著，涌现了一批有代表性的商业航天公司，带来了全新的思维方式。可以预见，未来商业航天将成为我国航天事业发展的新动力，也必将成为建设航天强国的重要推手。

玩转资本：提供全周期“金融保姆”

“众筹共建”作为一种突破传统资金来源渠道的新型融资模式，为整个商业航天大局注入了新的活力。

2017年1月9日，快舟一号甲运载火箭发射的当天，一批航天“局外人”来到酒泉卫星发射中心，现场观摩火箭发射。他们来自投资机构，对商业航天抱着审慎的热忱，而快舟一号甲的发射成功和火箭公司的先进模式，让他们热情高涨。

航天三江副总经理、火箭公司董事长张镝表示，快舟系列固体运载火箭自诞生以来，就引起了社会资本的高度关注。在社会资本不断挖掘有增值空间的新兴产业时，航天三江也在主动顺应时势，努力将资本的力量注入商业发展过程中。

2017年1月10日，航天三江联合湖北长江经济带产业引导基金、武汉市政府投资平台及其他社会资本，共同发起并设立了总规模 100 亿元的长江航天产业基金，首期募集资金 25.8 亿元已经到位。这支商业航天最大的基金主要以商业航天、双创、混改、并购等为投资方向，将为武汉国家航天产业基地建设提供坚实的资本力量支持。

而航天科工金融租赁有限公司（简称航天金租）的诞生，则为参与商业航天的企业雇了一个贴身的“金融保姆”，将为商业航天产业中的各类企业提供全周期的融资租赁服务。

航天金租由中国航天科工集团有限公司、中国航天三江集团有限公司、航天科工财务有限责任公司联合汉口银行股份有限公司等 6 家央企、地方国企、金融机构共同出资设立，首期注册资本 30 亿元人民币，总部位于武汉市。其中，航天科工系统三家单位持股占比为 46.5%。公司成立一年来，累计投放资金超过 100 亿元。

2017 年 12 月 18 日，火箭公司与 8 家社会投资机构签署协议，顺利完成 A 轮增资，募集社会资金 12 亿元。本次增资包含了部分民营社会资本的加入，资金主要用于快舟系列固体运载火箭产品研制、火箭总装能力建设，以及商业航天上下游产业布局等。

在资本的助力下，航天三江商业航天产业发展步伐无疑将进一步加快。航天三江在后续重点工作计划表中，三次商业航天发射任务赫然在列，而快舟十一号运载火箭“一箭六星”首飞，必将成为关注焦点。

改革增羽　创新添翼
惯控事业展翅腾飞的40年

窦茂莲　唐新培

1978年3月，中共中央、国务院在北京人民大会堂召开全国科学大会，对先进科研集体和先进科技工作者进行了表彰。这一年，对于来自五五八厂（33所前身）二室的崔玉祥来说，意义非凡，作为我国第一支动力调谐陀螺主要完成人的他成为六千名代表之一，出席了大会，亲耳听到了时任中共中央副主席、国务院副总理邓小平阐述的“科学技术是第一生产力”的观点。

这次科学技术大会的召开，被后世称为“科学的春天”。

春风劲吹，万物复苏。惯控人抓住有利时机，向着正规化、现代化迈出了一系列重要步伐。五五八厂由企业单位改为事业单位，并于1982年正式成为研究所；陆续开展核心惯性器件以及方位捷联惯导控制系统、平台惯导系统、捷联惯导系统的预先研究，并相继取得了一个个重要成果，为后续发展奠定了良好基础……

40年弹指一挥间，梦想的种子沐浴着改革开放的春风生根发芽、茁壮生长，枝繁叶茂，亭亭如盖，33所已经成长为主要从事各类惯性系统、惯性仪表、伺服系统、控制部件、卫星接收机、智能传感器等产品的设计、试验和批量生产，集科研、生产、经营为一体的综合性研究所，并以昂扬的姿态和坚定的步伐，向着“国际一流”的目标大踏步前进。

敢为人先勇开拓　技术创新促发展

惯性技术作为33所的核心技术，凝聚着几代人的心血。从机械陀螺、两光陀螺到微机电陀螺、原子陀螺，国家惯性技术发展紧追国际前沿，而33所凭借敏锐的技术前瞻性和集智攻关的顽强作风，推动乃至引领着国内惯性技术的发展。

在惯性仪表方面，33所基本涵盖了国内外陀螺技术的主要研究方向，成功诞生出中国第一支动力调谐陀螺，目前整体技术水平处于国内领先水平。激光陀螺有中低精度、中高精度、高精度三种精度类型，整体水平在国内处于先进水平。光纤陀螺在精度和工程化水平上处于国内领先水平，批生产能力处于国内前列。石英微机电陀螺综合水平在国内处于领先地位。硅微机电陀螺综合水平达到国内先进水平。核磁共振陀螺在国内首次实现原理验证。

20世纪80年代，33所重点开展了石英挠性加速度计、石英振梁加速度计、微机电加速度计等技术研究，技术水平处于国内领先水平，产品种类齐全、应用领域广泛。其中，石英挠性加速度计技术国内第一，不仅满足各类惯性系统的需求，还成功应用于神舟系列飞船和探月工程。石英微机电加速度计技术自“九五”期间开始研制，研制出中精度、高精度两个系列，综合水平在国内处于领先

地位。

惯性系统技术方面，主要形成了动力调谐陀螺惯性系统、激光陀螺惯性系统、光纤陀螺惯性系统、微机电陀螺惯性系统四大类系统，技术水平处于国内领先或前列。

组合导航技术方面，主要形成了惯性/卫星、惯性/光学、惯性/数据库参考、惯性/多普勒（里程计）等组合导航技术方向。目前，33 所组合导航技术水平处于国内领先或前列。

伺服技术作为所内技术体系的重要拼图，20 世纪 90 年代突破谐波传动技术难关，研制的小型气动舵机在减速比、功率密度等方面性能显著提升。大功率伺服系统后来居上，以技术创新推动产品快速更新换代，核心技术水平直指国内一流。以伺服电机和控制算法为技术基础，33 所向工业机器人领域进军，积极发展智能机器人核心技术，全力助推中国制造 2025 发展进程。

量子技术、大气传感技术、卫星抗干扰技术等一系列核心技术相继取得突破，专业技术实力在国内领先。

40 年来，33 所从早期单一的驾驶仪研仿，成长为行业内的知名企业；从早期装备配套的技术短板，成长为专业技术的领跑者。今后，33 所将在确保优势专业做精做强的基础上，开展具有战略性、前瞻性、基础性的创新研究工作，不断拓展新领域，不断增加新的技术储备，增强发展后劲，实现技术推动下的可持续发展。

管理改革出成果　产业发展谱新篇

20 世纪 80 年代初，33 所全年产值不足百万，经费少、底子薄，科研生产条件艰苦，职工生活资源匮乏。改革开放以来，33 所在市场经营和成本观念的引导下，对内实施经营管理模式改革，对外探索更具活力的发展模式，与时俱进，开拓创新，在管理模式改革、产业发展布局、人才队伍建设等多条战线上不断摸索适应装备建设需求和自身发展建设的改革路径。

顺应时代发展，进行体制机制调整，33 所确立了研产分开、研产并重的发展模式，以匹配所专业发展方向为目标，不断进行生产管理机构和生产组织结构的优化调整；启动推行所内二级核算和成本控制，一系列降本增效的措施陆续落实，并随着时代的变迁不断丰富、完善；打破干部职务终身制、推行干部年轻化改革，实施基于实际绩效的激励机制，加大人力资源调配力度。40 年来，33 所员工数量翻了一番，年产值已达到40 多个亿，硕士以上学历人数占比超半数，劳动生产率和价值创造能力显著提升。

与此同时，33 所立足军品，着眼民品，以所内优势技术为基础，积极探索产业发展道路。在改革开放的创业大潮中，33 所产品开始按计划、有组织地走出去谋求发展。在全球经济一体化的浪潮中，努力探索国际化发展道路，相关产品出口十几个国家和地区。

从 20 世纪 80 年代围绕国家石油勘探需求研制的随钻测斜仪，到如今立足国家智能电网产业研发的光纤电流互感器，40 年来，33 所多项自主研发产品和装备进入石油、电力、航空测绘、灾害防护等国家战略资源领域，用军工技术优势强势维护国民经济安全发

展。石油管道惯性测绘系统已经成功应用于中石油；以 LWD 为代表的石油钻井测井仪器，多项技术指标国内领先，长期服务于中石油、中石化、中海油等油田；采用智能传感器、通信技术构建的油气生产物联网系统，为我国石油工业的转型升级发挥着重要作用；地质灾害监测预警系统成功应用于北京、云南等十几个省市，有力地保障了水利、交通运行和民生安全；放射源装卸机器人在国内首次实现工程应用，特种移动机器人成功应用于大亚湾核电站；全光纤电流互感器在国内处于领先水平，已在贵州、河北等 15 个智能化变电站挂网运行。

33 所不断加大民用产业规划与投入，加强民品资源重组与结构调整，推进市场开发与科技创新，在改革开放的浪潮中不断丰富应用领域、完善产品类型，积极参与高端装备制造、信息技术产业等国家战略新兴产业方向发展，无论是国防建设还是经济发展，始终用先进技术助推国之复兴的伟大航程。

通过不断调整发展模式、探索转型升级，33 所加大力度发展微电子产业，逐步实现由单一产业发展向多元化产业发展与资本运作互动式发展的转变，产业规模不断壮大；逐步建立以北京为中心，以青岛、涿州地区为延伸的跨技术、跨行业、跨地域的经营发展格局。

党建有为铸核心　英才辈出领航程

秉承军工企业党建工作的优良传统，33 所党委始终站在“坚持和强化党对企业的领导，就是坚持中国特色社会主义道路”的高度，始终作为惯控事业发展坚强的领导核心，深入贯彻落实党的路线、方针、政策和上级党组织的重要部署，坚持将全面党建工作与推动所的良好发展有机融合，不断提升党建科学化、规范化水平，不断增强党的工作活力，为所的发展注入了不竭动力。

在推动事业发展的过程中，33 所人才队伍更加优化，培育和造就了一批领军人才，成为支撑所快速、可持续发展的关键所在。40年来，33所人才结构不断优化调整，高素质、高学历、高技能人才比例持续攀升，为所技术进步、产业发展、能力提升提供充足的人才保障。

在20世纪80年代初期，33所技术人员占比为22%，仅有11名工程师（中级职称），人员平均学历仅为中专。如今，33所技术人员占比达61.9%，在职正高级职称的技术骨干有136人，硕士以上学历人数占比接近一半。截至2017年年末，33所共有36位专家享受政府特殊津贴，22人获航天基金奖，集团级以上专家12人，技术专家、高技术人才数量持续增长；1人荣获中华技能大奖，7人获“全国技术能手”称号，获集团及以上荣誉奖励的高技能人才有27人，技能人才培养和队伍建设成效显著。

进入新千年，国家航天事业和国防装备建设面临快速发展关键期，33所全体干部职工始终坚持“国家利益高于一切”的核心价值观，肩负“科技强军，航天报国”的神圣使命，坚定理想信念情怀，矢志探索前沿技术，涌现了一大批科研战线的先锋模范和弘扬核心价值观的时代楷模。

神舟飞船用加速度计组合项目负责人于华男荣获中国青年五四奖章，集团钳工首席技师巩鹏先后荣获“大国工匠”和首届“中国质量工匠”称号，精密机械制造部钳工班荣获“全国工人先锋号”称号，热心助人扶起受伤老人的杨爽获“最美央企人”称号，张忆欣荣获首届感动飞航人物，33所先后获得中国航天质量奖、全国青年文明号、全国工人先锋号、首都文明单位等重要荣誉。一项项荣誉和奖励肯定了33所数十年持续加强思想建设、厚植文化根基、凝练并弘扬核心价值观所取得的成功经验和实际成果。

回首过去的40年，33所从小到大、从弱到强；从简单仿制到自主研发；从低中精度到高精度产品研制；从简陋的平房到一流的现代化综合科研生产试验楼；从简陋落后的生产设备到配套精良的科研生产保障条件；从低收入、小住房的生活条件到职工生活水平的显著提高；从弱小贫穷到综合实力国内一流，可以说是发生了翻天覆地的变化。

站在新的高度眺望未来，习近平新时代中国特色社会主义思想指引行动方向，党的十九大精神照亮中华民族的复兴航程，国防装备快速发展，高端制造产业腾飞在即，33 所唯有继承和发扬老一辈惯控人的优良传统，不忘初心、牢记使命、锐意改革、矢志创新，方能在历史前进的滚滚洪流中破浪前行，继续创造无愧于国家和人民的业绩！

笑看改革风云起　且把航天话情愫

——湖南航天机电设备与特种材料研究所发展纪实

刘智荣

改革开放 40 年，是社会发展的 40 年，也是中国航天跨越的 40 年。湖南航天机电设备与特种材料研究所（简称 7801 所）立足国防，在航天防务上深耕细织，不断发展壮大近 30 年。

近 30 年来，7801 所从无到有，从小到大，从弱到强，不断进步，不断跨越。一路走来，7801 所紧跟改革步伐，从大山深处到省城长沙，从默默无闻到行业领先，走过了一个又一个的十里路，是情怀，是抱负，是航天报国，是壮志鸿鹄。

从无到有　风雨兼程

改革开放 40 年，中华民族在时代的浪潮中历经风雨，中国航天勇立潮头，为改革开放撑起了强大的护航之盾，跨过每一个暗流涌动，走过群山和大海。

作为湖南航天有限责任公司（简称湖南航天或 068 基地）的中坚力量，7801 所在航天防务的发展中紧密跟随改革开放的脚步，一路走来，有过艰辛和困苦，但我们从来都没有停下过脚步。

1970 年，068 基地在湘西破土动工，这是航天系统三线建设中的最后一个基地，也是国家 640 工程的中流砥柱。

作为国防力量的主要基地，068 基地开局之初，来自五湖四海的精英走进湖南湘西建设基地，献出了青春，甚至生命。20 世纪 70 年代后期，国际形势转好，国家防御战略发生了转变，三线停缓建，搬迁取消，项目下马。

在此艰难局势下，为了求生存，068 基地开始尝试民品开发，计算器、电机、电子琴、电褥子等等。068 基地用这些民品摸索着前方的路。

山沟里的 068 基地虽然依靠民品支撑起了艰难的生存，但是未来发展仍然不容乐观。为了谋发展，068 基地通过努力争取搭上了三线调迁政策的末班车，主要靠自筹经费搬到了长沙，艰难中开启了一条新生之路。

从隆回县的大山脚下，到长沙河西的偏僻乡村，再到技术密集的高新科技产业园，这是一条艰难的迁徙路，也是一段豪迈的心路历程。

在这条路上，年轻的同志们已经老去，当年洒下的汗水，已经凝结成了 068 基地与 7801 所光荣发展史上的璀璨明珠。

在这条路上，年轻的同志们前赴后继，放弃了大千世界的灯红酒绿，只为了一个虔诚的航天梦，只为了一份报效祖国的航天情怀。

立志航天　惯性为本

搬迁到长沙后，068 基地的民品销路一度很好，但是身为航天人却从未放弃过寻找军品研制的机会和梦想。

1992 年 12 月，湖南航天 7801 所正式成立，单位的配套电源和天线杆的研发成功开启了 068 基地的发展之路。

1996 年伊始，国际局势风云巨变，国内军情十万火急，台海危机一触即发。在此艰难局势下，面对中国航天防务系统精确惯性产品力量薄弱的现状与局面，7801 所敏锐地抓住了这个千载难逢的机遇。在对惯性产品一知半解的条件下，迎难而上，组建了惯性产品技术部，开展惯性产品的技术研发与产品研制。

这是一个陌生的领域，但这也是一个科技强军、航天报国的机会，为了实现 068 基地和 7801 所的军工梦，老一辈技术人员在这个新的领域四处奔走，学习新知识，请教新技术，上下求索，不断创新。

三年技术攻关，经过第一代创业者和先驱者艰苦卓绝的努力和奋斗，7801 所的第一代惯性产品研制成功，首次试验成功的喜报，标志着 7801 所开创了一个从无到有的航天防务新时代。

至此，7801 所瞄准中国航天的发展大势，确立了在惯性产品领域的地位，并立志成为惯性产品领域的重点骨干力量。

总有那么一些刻骨铭心的瞬间，让时间定格在青春的记忆里。

曾记否，炎热夏日里，挥汗如雨只是豪情的点滴清凉，传呼信号就是相思的鸿雁传情。为了某项技术的攻关，我们的研发设计师们坚守试验岗位三天三夜。那道虚掩着的实验室的门隔住了家与恋人的羁绊和思愁，却开启了技术突破的新天地。

曾记否，薄暮晨曦下，路口昏黄的路灯陪伴了多少段不停不歇的青春时光。为了赶进度，为了保研发，多少技术人员没有周末，没有休假，更没有傍晚时分、下班时光的亲情相拥。有的只是夜深人静时被路灯拉长的匆忙奔走的身影，还有窗户里那缕守候的灯光，和那个日渐消瘦在殷切等候归来的人儿。

一切来之不易，从无到有，我们走得很艰难，多少个日日夜夜的不眠不休，这一代人承受了难以想象的压力，也收获了喜笑颜开的成功。

惯性产品跨越“两光”先锋

创业来之不易，守业更是艰难。7801 所在惯性产品领域跨出了第一步，当然也不会止步于这些成果。

随着国内外惯性技术的发展，激光陀螺、光纤陀螺在惯性产品应用中的技术优势越来越明显。在此条件下，7801 所积极开展了两光陀螺的技术与应用研究。

作为国内最先开展激光陀螺工程应用技术研究的单位之一，7801 所最早牵引了某型号激光陀螺在惯性产品中的应用，引导了此类型号激光陀螺在技术上的飞速发展和工程上的成熟应用。

激光陀螺惯性产品的重大技术突破成功实现了中国航天防务装备高精度的跨越式发展，将中国航天的惯性产品技术推进到了一个

新的高度。在此基础上又开展了光纤陀螺仪的研制，并研发了全自主的光纤陀螺惯性产品，实现了“两光”产品的齐头并进，形成了惯性产品技术发展的两支先行军。

在此基础上，7801 所先后承担了国家 863 计划、973 计划、国防技术基础科研等多项国家课题，完成了十余个型号惯性产品的研制生产交付，产品的技术性能处于国内先进水平，部分处于国内领先水平。

行业领先　技术突破

惯性技术永无止境，行业波诡云谲。时代在变化，科技在发展，落后就会被淘汰，突破才是出路。这一切，要生存，要竞争，要发展，要领先。

站在行业的前端，7801 所高瞻远瞩地看到了惯性领域的技术瓶颈和发展趋势。针对当前武器装备准备时间长，机动性差，作战能力弱的工况痛点，7801 所勇于创新，敢想敢为，首创了某捷联惯性测量组合技术。

此技术项目组经过近六年的刻苦攻关，突破了大量技术瓶颈，从思路脱胎成雏形，从想法演绎成方案，又从方案升华为产品，完成了从无到有的过程。产品通过了高动态特性、大过载等一系列适应性试验，在国内率先完成了工程化型号的研制，为实现无依托随机发射提供了有力支撑，受到了总体单位和供方的高度关注和一致好评。

惯性产品技术的突破，不仅实现了技术的跨越式发展，也突破了 7801 所在惯性行业的发展瓶颈。自此，7801 所在惯性行业已经小有名气，并在局部领域取得了领先优势。

如今，7801 所实现了军工梦。我们在惯性产品领域取得了令人瞩目的成就，但这些不是我们梦想的终点。

春风度，十里路；英雄不朽，情怀难负；笑看改革风云起，且把航天话情愫。

走出去：叫得响的“中国制造”

童　旭

作为航天系统地面雷达中心骨干力量，中国航天科工二院23所（简称23所）自20世纪80年代以来，积极践行国家“走出去”发展战略，通过产品出口、国际科技合作等形式，推动民品优势产业和技术走向国际市场，在“走出去”方面不断取得新的成绩。

从北斗卫星导航到蛟龙号，23所将航天技术与从太空到深海的大国重器紧密相连，从45摄氏度高温的印度到零下几十摄氏度的极地，23所的“中国制造”以过硬的质量，让无数外国业内人士称赞。近年来，23所通过中缅联合实验室、印度气象局产品购置等项目的合作，进一步加强与国外的科技交流与合作，为促进当地经济社会发展和建设贡献了自己的力量。

从零开始　出手就是第一

在位于永定路的生产基地，办公桌上摆着几排巴掌大的小盒子，像是一堆“白蘑菇”。这些长相神似农业大棚特产的东西，曾为科考队队员极地求生提供过帮助。

“这是我们开发的北斗/GPS卫星导航高空探测系统，已经为国内外用户提供了十万多支探空仪，服务单位涉及气象局、海洋局、石油企业、研究所和大学。除了已经打开市场的印度、韩国、马来西亚等地区，公司还把目光瞄准俄罗斯、沙特阿拉伯、阿根廷和巴西等更多国家。”系统负责人彭文武介绍。

北斗/GPS卫星导航高空探测系统，由于测量数值在卫星、气象飞机、地面雷达等高空气象观测手段中最准确，因此被称为“其他高空气象探测系统的校准系统”。

十几年前，这种产品的研发在中国还完全处于空白状态，别说进军海外，就连国内市场都只能眼睁睁地被外国企业所占领。

“那时候，中国没有成熟的北斗/GPS卫星导航高空探测系统，国内只能使用外国服务商提供的技术，我们决心要改变这一现状。”彭文武表示。

从2006年开始，23所响应国家号召，投入大量人力、物力开展北斗/GPS卫星导航高空探测系统技术研究。

四年时间，从零起步，几百次试验，失败无数，最终拿出了高质量产品。在2010年第8届世界气象组织GPS探空系统比对中，三次国内考核名列第一的23所代表国家参加比赛，最终获得全球第四、亚洲第一的成绩，成为国内唯一一个满足全球气象业务使用要求的探空仪产品，参赛的球载式探空仪产品得到英国的欧洲中期天气评估机构（ECMWF）的正面评价，并通过CE认证。

在 2012 年印度气象局产品购置项目中，23 所以过硬的产品质量得到了对方认可，击败了来自芬兰、法国、日本及韩国等国的知名企业中标。

第一次踏上印度的土地，大家深刻体会到什么叫“热浪袭人”。6 月中旬的印度，气温 45 摄氏度、湿度 80%，站在铺着沥青的屋顶工作，“仿佛就是站在一个水沸腾了的锅炉边，热浪一波接着一波”。工作一天，衣服上会因为身体反复出汗而形成一层白“粉末”。到印度的第二天，彭文武就因为重度中暑发起了低烧，其他队员也都有轻重不一的中暑反应，但大家仍坚持背着国内带来的药箱，用两周时间咬牙跑完所有项目交付站点，为客户安装好探测系统。

“当国外的气象产品被从印度的站点移除，转而安装上了我们的产品时，那种骄傲，没办法用言语形容，那种心情永生难忘!”彭文武说。

创新才能立于不败之地

2014 年，23 所北斗/GPS 卫星导航高空探测系统服务了第 30 次雪龙号南极科考。

“那次科考历经 160 天，行程近 3.2 万海里，四次穿越西风带，经历赤道和南极两种极端的恶劣环境。几乎每天都要多次释放探空仪进行高空气象探测。在南极还陷入了冰川险境，脱困时，队员们通过对实时气象信息的获取抓住了南极转瞬即逝的气象‘窗口’，为脱困起到了至关重要的作用。”武云东回忆。

产品进入市场服务大众，可能会遇到各种考验，团队深知，唯有创新，不断升级，产品才能在市场立于不败之地。

而灵感的来源，有时候可能只是客户的一句话。

北斗/GPS 卫星导航高空探测系统由地面系统和探空仪组成，而探空仪是每次探测都需要消耗的消费品。海上探测时，探空仪只能在船尾放飞，那里容易产生尾流（下沉气流），导致探空仪降落到海里，一旦刮风遇到三四级的海况，风大浪高，不仅探空仪和相连的气球放飞艰难，握着气球绳子的人也很容易发生危险。

“要是这个探空仪可以自己放就好了。”客户感慨。

团队立即决定开发一款辅助放球系统，让探空气球和探空仪在仪器内自主稳定升空，不受船运动状态的影响，不需要人手动控制接触，杜绝人员受伤的可能。

三个月后，一款半自动放球器被送到了客户手上。

根据市场的需求，探空仪团队陆续推出全自动高空探测系统、mini 测风系统及大气波导诊断系统等产品，逐步地提高产品在国内外市场的影响力与竞争力，以期效益最大化。

十数年，23 所人创新脚步从未停歇，不间断地进行测试改良，让各类高可靠性、高精度卫星导航高空探测系统产品在技术上始终保持领先优势，受到用户的欢迎。产品服务领域的日益广泛也使得

23 所的海外拓展愈发深广。“今年将有新的海外市场被拓展，更多产品会带着中国航天的印记走向世界。”

一带一路合作共赢

坚持长期自主创新的同时，23 所沿袭国家“一带一路”的前进脚步，与一些地区开展了深入而广泛的合作。

2018 年 7 月，23 所与缅甸科技创新研究院（DRI）组织开展了中缅雷达与卫星通信联合实验室项目结业仪式。这个实验室是我国“一带一路”50 个国家级国际科技合作联合实验室之一，是中国-东盟科技伙伴计划的重要组成部分。项目开展近四年来，23 所为缅甸科研机构及高等院校 60 余人次提供了累计近 180 天的技术、理论、实际操作培训，培养了一批掌握雷达、电子、通信等相关理论知识的专家。除此之外，23 所还为缅方提供了实验硬件设备。基于这些研究和实验条件，缅甸科技创新研究院积极加强青年人才的培训和交流，开展高水平联合研发，获得了缅甸教育部的高度认可。

缅甸科技创新研究院副院长 Zaw Min Naing 先生表示：“同 23 所开展项目合作，深化了中缅两国在科学技术研究方面的合作，同时大大增强了缅方在雷达、电子、通信等领域的人才队伍交流，DRI 将积极利用中缅雷达与卫星通信联合实验室这一平台，将更多的技术分享给缅甸更多的高等院校及研究机构，积极转化技术成果，造福缅甸人民。”

2018 年，双方合作还在继续。同样是 7 月，23 所与同缅甸科技创新研究院签订“X 波段阵列天气雷达系统合作开发”项目 MOU（合作备忘录），解决缅甸在洪水、暴雨等强气象灾害监测的技术需求，增强缅甸在气象探测及防灾减灾方面的研究能力。该项目是国家科技部战略性国际科技创新合作专项，项目立项批复过程得到国家科技部大力支持。

合作备忘录签订受到缅方社会强烈关注，3 家主流媒体到访见证。缅甸科技创新研究院副院长 Zaw Min Naing 在采访中表示，该项目合作可增强缅甸的研究能力，更好地为缅甸培养气象领域的技术人才，将中国的科技更好地服务于缅甸人民。

项目主要服务于气象领域，通过与 DRI 的积极沟通，在合作备忘录签订后，23 所又与 DRI、缅甸交通与通信部气象水文厅签订了三方合作协议，为 23 所与缅甸气象部门在相关领域的深入合作开拓新局面。

该研究项目的实施将为缅甸以及我国南部强降雨频发地区提供示范保障作用，并可以提高我国在气象探测、防灾减灾等领域的技术实力，为“一带一路”沿线气象保障提供支撑。

改革开放沐春风　展翅高飞迎辉煌

——航天科工武汉磁电有限责任公司改革开放40周年发展纪实

戴　化　陈晨倩　王　淼

“东方红，太阳升，中国出了个毛泽东……”1970年4月24日，我国第一颗人造地球卫星东方红一号成功升空，从天外飞来的这段音波伴随着东方红一号在寂静的太空中回响。这段音波所用磁带出自当时拥有国内一流磁带生产能力的原国营八二四厂（824厂）——航天科工武汉磁电有限责任公司（简称武汉磁电公司）的前身。

当历史的时针指向2018年，我国改革开放已经走过40年的辉煌历程。武汉磁电公司先后进行政策性破产、重组再创业、改制求发展、股份转让等一系列革新，由小到大、由单一到多元，企业在创新发展中一路转变与跨越，尤其是党的十八大以来，紧跟国有企业改革步伐，扎实开展“瘦身健体”、提质增效等工作，企业改革发展呈现出新气象。

“鹦鹉”牌——家喻户晓　改革开放沐春风

国营八二四厂，成立于1960年11月，取名为武汉实验工厂，隶属公安部，20世纪60年代中期划归七机部，是在当时中苏关系破裂、苏联撤走专家、封锁技术、国内遭受严重自然灾害的大环境下成立的，最初主要从事半导体、电化学和磁记录研究。

1978年，十一届三中全会拉开了中国改革开放的大幕，国营企业迎来重大改革——自主经营权、自主调控市场，对外开放成为大势所趋，商品经济大潮滚滚而来。在改革开放大潮的推动下，824厂于1979年着手民品开发，从外部引进一套盒式录音磁带，通过后期装配设备生产，命名为“鹦鹉牌”的3.81 mm盒式录音磁带诞生，并在当年年底将10万盒全部投入市场。1981年，“鹦鹉牌”盒式录音磁带投入批量生产，一时名声大噪，销往全国各地，甚至远销南亚、非洲国家。

“鹦鹉牌”盒式录音磁带荣获中华人民共和国国家质量奖银奖，这也是国家磁记录行业唯一的银质奖。1983年，12.7 mm计算机磁带获得国家经委新产品金龙奖，年均上缴利润五六百万元，当时这个数字在航天部都名列前茅，为国家航天事业的发展作出了积极贡献。

“晴川历历汉阳树，芳草萋萋鹦鹉洲。”沐浴着改革开放的春风，地处武汉汉阳的824厂正式启用厂名——武汉鹦鹉磁带厂后，规模也开始迅速扩张，成立了多家子公司。“鹦鹉”展翅高飞，飞遍祖国的大江南北，飞出了国门，824厂进入了鼎盛时期。

衰与荣——切除“毒瘤” 找准方向谋发展

在改革开放大背景下，中国科技迅速发展成就了“鹦鹉”的辉煌，却也让“鹦鹉”迎来了寒冬。20世纪90年代末，CD、VCD光盘迅速占领市场替代了磁带的市场地位，磁带产品逐渐被迫退出历史舞台，受到冲击的“鹦鹉”羽翼折损。2004年，武汉鹦鹉磁带厂实施了政策性破产，全员买断，结束了其42年的历史，鹦鹉磁带从此不再。

穷则思变，面对经营困境，老一辈武汉磁电人没有放弃，在中国航天科工集团公司的战略统筹下，于2002年成立了航天科工武汉磁电有限责任公司。经过充分讨论研究，武汉磁电公司领导班子确立“一手抓改制，一手抓发展”的经营思路，从此翻开了武汉磁电公司发展的新篇章。

从零开始，再次创业寻找出路，依托自身电磁领域技术优势，武汉磁电公司瞄准国内电磁防护材料产业市场，树立了将公司打造成为国防系统专业从事电磁防护材料研制与生产的工业企业目标。

2004年，是武汉磁电公司成功打开电磁防护材料领域市场的关键之年，经过不断的探索和不懈的努力，仅用了两年时间便在北京召开的某电磁防护材料研究课题技术鉴定会上成功亮相，与会评审专家一致认为，武汉磁电公司申报的研究课题，各项技术指标达到工程应用要求。此次成功亮相坚定了公司发展信心，也为今后的快速发展迎来了开门红。

同年6月，在北京召开的某装备项目效果试验大纲评审会上，武汉磁电公司展示的产品对提高装备生存能力、提高综合技术性能具有十分重要的意义，赢得专家评审组频频点赞。12月，公司承担的原国防科工委技术基础研究课题，顺利通过专家评审，填补了该领域材料标准研究的空白，为公司产品市场开拓奠定了基础，也确立了武汉磁电公司在电磁防护材料领域发展的地位。

2008年，武汉磁电公司划归湖南航天有限责任公司（简称湖南航天），与中国航天三江集团有限公司分别占80%和20%的股份，武汉磁电公司迎来了再次腾飞的机会。

在湖南航天的领导和帮助下，武汉磁电公司狠抓基础，苦练内功，重点从三个方面着手，一步步切除了阻碍发展的“毒瘤”：一是与合资公司湖北航天聚星复合板材制造有限公司进行切割；二是清理数家子公司，实施家属区水改改造；三是通过改造基础设施、创新研发机制、优化三产投资环境，理顺和解决历史遗留问题。

国内电磁材料迎来了大规模发展机遇，武汉磁电公司乘胜追击，几百人的小企业，集研发、生产、服务为一体，不断进行技术研究和工程应用研究，先后获得几十项电磁防护方面的国防专利和发明专利，为军队武器装备提供强有力的保障和服务。电磁防护材料（吸收剂、贴片、涂料以及电磁修复材料等）形成了产品系列，并有能力根据不同客户的技术需求，有针对性地进行定制开发、生产。

2012年，武汉磁电公司“某电磁防护材料批产稳定性与可靠

性”工艺创新项目荣获集团公司 2011 年工艺创新优秀项目一等奖。随后，受客户委托研发的电磁防护材料产品，先后突破了多项关键技术“瓶颈”，创造了两项国内第一，公司以该项目申报国防专利 2 项、实用新型专利 1 项……武汉磁电公司电磁防护材料产品从无到有短短十余年，从单一到系列化产品，引领国内电磁防护产业不断发展。

新引擎——创新驱动　横向联合拓市场

武汉磁电公司超越自我，顺势而为，加快实施创新驱动发展战略。2013 年，中国航天科工集团公司“电磁防护材料工程中心”正式落户武汉磁电公司。工程中心拥有中国工程院院士黄培康等十余位外聘专家组成的专业团队。

在集团公司“电磁防护材料工程中心”的牵引下，复合功能结构材料研究和应用从 2014 年开始获得重大突破，现已在武器装备上得到广泛应用。2015 年抗战胜利 70 周年阅兵，当某型号战车装备着武汉磁电公司产品顺利通过天安门接受党和人民的检阅时，武汉磁电公司用行动为抗战胜利 70 周年亲手献上了一份礼物，也用行动履行了“国家利益高于一切”的庄严承诺。次月，在某军种举行的阅兵表彰大会上，武汉磁电公司光荣地被授予“装备保障先进单位”称号。

2016 年 5 月，武汉磁电公司呈报的“政策建议”受到国务院副总理马凯同志的高度关注并批示“应予支持”，同时报习近平、李克强、张德江、刘云山等领导阅。根据批示，武汉磁电公司将筹建国家级电磁防护产品产业基地。

2017 年，中国航天科工集团公司、湖北省、武汉市联手打造的商业航天项目，目前已经在武汉市新洲区阳逻镇破土建设。项目建成后，将承担以电磁防护功能一体化结构件为代表的新一代电磁防护产品的研发设计、试验检测及生产制造任务，电磁防护产品综合产业能力将跃居国内前列。

在新形势、新任务面前，武汉磁电主动作为，紧紧围绕改革强军战略目标，主动适应装备竞争性研制和采购新要求，深入实施创新驱动发展战略，坚持以技术创新、商业模式创新、管理创新的“三创新”为抓手，切实推动企业创新发展，以技术创新引领产业结构的转型升级。2017年，武汉磁电公司构建“1个技术创新机制＋1个科技创新平台＋3项支撑要素”的技术创新体系，全面完成了湖南航天下达的年度目标，经营指标保持高速增长，年产值超过1亿元，利润超过2 000万元。

长期以来，武汉磁电公司坚定贯彻“以自主创新为主，联合创新和外部引进相结合”的技术创新机制，并先后与中国航天科工集团有限公司二院、三院、四院，海军工程大学签订项目合作协议，共同构建“产、学、研、用、金”创新协同合作机制，为后期市场开拓和深入合作夯实了基础。

截至目前，武汉磁电公司先后取得重大科研成果11项，其中集团公司技术创新发明奖一等奖1项，部级科研成果4项；取得多项专利授权，其中发明专利授权11项，形成一批原创性、先进性技术成果并实现工程应用，创新产品和业务已成为驱动公司发展的重要载体。

迎辉煌——强基固本　坚持引领促发展

改革开放以来，武汉磁电公司党委以党委中心组为平台、支部学习为抓手，着力推进学习型组织建设，坚持党员干部深入基层一线，密切联系群众，努力把党的工作中心融入科研生产、经营管理、市场开发的全过程中。积极开展党的群众路线教育实践活动、“三严三实”“两学一做”学习教育常态化、制度化等学习教育活动，认真履行党委的主体责任和纪委的监督责任，深入开展廉政建设，认真贯彻执行中央“八项规定”，广大党员和党员干部从思想上、行动上与党中央保持高度一致。武汉磁电公司党委先后被武汉市国资委、湖南航天党委授予“先进基层党组织”称号，多位同志被评为集团公司、湖南航天、武汉市委、武汉市国资委优秀党员和优秀党务工作者，被武汉市总工会授予五一劳动奖状，9 名同志先后获评“武汉市劳动模范”荣誉称号。

不负新时代，迈步新征程。在习近平新时代中国特色社会主义思想的指引下，武汉磁电公司坚持贯彻十九大精神，不忘改革初心，面对新形势、新机遇、新挑战，将新要求落实到“十三五”规划中，在中国航天科工集团有限公司、湖南航天的领导下，牢记强军首责，圆满完成各项任务，为实现“国防科技工业核心骨干企业”的美好愿景谱写新的辉煌，努力实现航天梦、强军梦、中国梦，让企业迎来新的腾飞。

四十载成长路　百年梦新征程

高志凌

站在历史与未来的交汇点，40 年改革开放如同雄浑的乐章，诠释着震撼人心的伟大变革，激荡起向梦想迸发的磅礴动力。

“改革开放是决定当代中国命运的关键一招，也是决定实现‘两个一百年’奋斗目标、实现中华民族伟大复兴的关键一招。”在实现中国梦的新征途上，新时代的领路人习近平宣示了当代中国坚定不移推进改革开放的信念和决心。

改革开放 40 年来，我国取得的辉煌成就举世瞩目，航天事业的发展突飞猛进。这 40 年，也是 8359 所艰辛探索、不断奋进的 40 年。8359 所人以自强不息、百折不挠的信念和勇气，为富国强军书写了浓墨重彩的辉煌篇章。

改革的召唤

20 世纪 60 年代，一批充满创业激情的年轻人投身航天事业。创业之初困难重重，这支年轻的设计队伍白手起家、自力更生，开始了艰难的探索之路。第一型发射系统的成功研制，让第一代 8359 所人成功走出了一条从仿制到自主设计与创新的创业之路。1977 年，设计队伍与生产试制力量全面整合，扭转了“设计没有试制力量，生产没有固定任务”的局面，初步形成了一支懂设计、懂工艺、懂生产的专业配套齐全的完整队伍。1981 年，这支队伍有了一个响亮的名字——8359 所，专业定位得到进一步明确，被赋予了导弹地面机械设备设计、试制和生产任务的国防使命和历史责任。

然而，面对 10 年浩劫刚刚结束的困顿局面，经济极度落后，军品任务严重不足，技术基础薄弱、内外环境艰难，“大锅饭”的分配制度造成人员积极性不高、收入低下，军工科研生产单位面临着严峻的考验。如何生存？如何发展？这是一个时代的命题。

1978 年 12 月，凛冽的寒风挡不住人们内心涌动的喜悦，具有伟大历史意义的十一届三中全会召开，中国作出了改革开放的伟大决策，随之而来的，是从思想观念到体制机制，从生产关系到生产力的巨大变革，8359 所也由此迎来了快速发展的重大机遇。

改革的探索

改革的春风带给中华大地无限希望的同时，也把难题摆在了我们面前，作为在计划经济年代以承担指令性任务为主的 8359 所，如何让市场经济和计划经济对接？解放思想，转变观念，建立新机制，调整生产方式，“改革”迫在眉睫。

自 1984 年起，8359 所将研制任务采取承包合同，超指标完成任务实施提成奖励，首次打破分配制度“大锅饭”；1988 年，实行

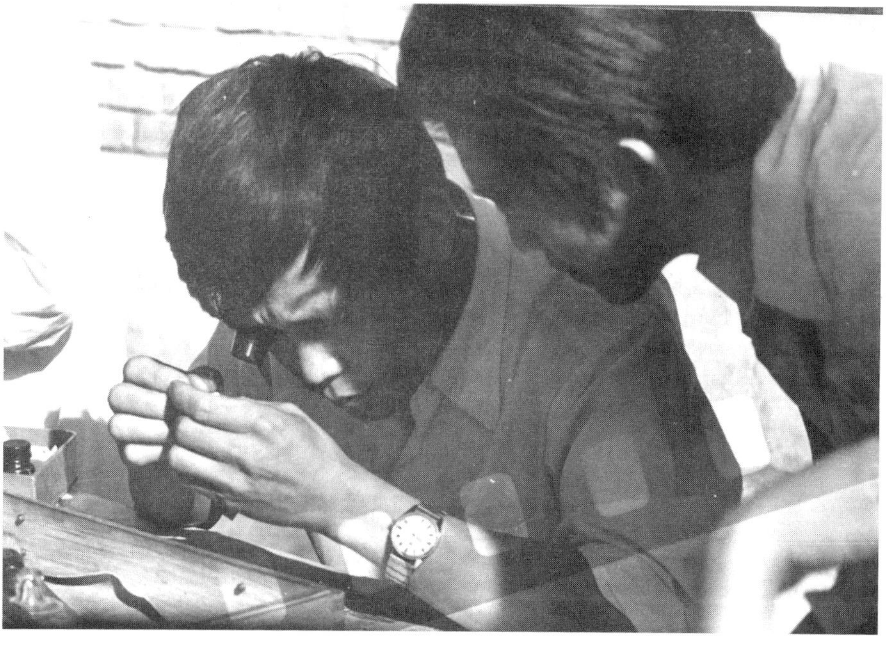

经济技术承包，实现从计划经济向指令计划下合同制的转变；在执行所长负责制的同时，坚持发挥党委的政治核心作用，加快年轻干部的培养步伐，领导班子形成了很好的群体效应；探索形成了科研与小批量生产相结合的运行机制，既确保了研制任务的完成，又能尽快提供合格的产品装备部队……在改革面前，我们始终保持清醒的头脑，审时度势，把握机遇，逐步改革，让每一步都走得稳健、都取得业绩。

与此同时，8359 所进一步加快了人事制度改革，变封闭的人事管理为开放式的人事管理，采用多种用工模式，逐步降低人员成本；逐步建立竞争上岗机制，通过每年增加奖金，逐年浮动工资和奖励工资、节假日分发补贴等方式增加职工收入，调动全员积极性；建立动态考核，激发人员活力，形成良好的人才队伍培养局面，为持续快速发展积蓄了有生力量；加快生活区建设，为职工建设食堂和宿舍，创造用餐和休息等便利条件，极大地改善了职工的工作和生活环境。

随着国家走向世界步伐的加快，8359 所加大对外交流的力度。邀请外国专家到所讲课，派访问学者去美国、英国、日本、荷兰等国进修，与国外企业签订合作意向书，通过人才输送、技术交流、合作共赢等多种手段提升人员素养和技术储备，提高全所软硬各方面实力。

纵观 20 世纪 80 年代初期到 90 年代末期，那些不寻常的日日夜夜，那些执着奋进的峥嵘岁月，既是对国家意志的坚定践行，也是自我革新的上下求索，最重要的是积累的宝贵经验和挫折教训，为后续发展打下了基础，提供了镜鉴。

改革的成长

20 世纪 90 年代，随着某项目的启动，8359 所成功入选，生产能力一步一个大台阶，实现跨越式发展。从清一色的灰瓦砖房到一栋栋高楼耸立，从临时搭建的板房办公室到明亮整洁的现代化办公场所，从推拉搬抬全靠人工的生产车间到现代化设备运转轰鸣的宽敞厂房。8359 所设计、生产、试验条件和能力得到极大提升，这为进入新千年的 8359 所承担新的历史使命、研制新型武器装备提供了专业基础和条件保障。

随着研制生产条件的根本性提升和国家形势发展，8359 所承担的任务量快速增长。为了适应多项目研制和批量生产相结合的发展形势，8359 所启动了“两头在内，中间在外”的哑铃式运行机制，充分利用社会资源，对研究室和车间进行组织结构调整，最大限度发挥人、财、物资源的潜力，逐步梳理和调整机关职能分工和岗位设定，调动科研生产人员的积极性，加快产品研制进度，8359 所的产业规模不断壮大，职工收入在三院名列前茅。

同一时期，8359 所积极从事民用产品的开发、生产、经营，成功研制了高压冲击发生器、激光切割机、漏电监测仪、保温材料等多种高技术产品，其中部分产品达到国内领先水平。成立的三产总公司坚持“对内有偿服务，对外经营开发”的原则，在千方百计做好军品研制和职工生活后勤保障的同时，努力开拓市场，扩大经营范围。

改革的发展

进入新世纪，面对经济发展的新常态和武器装备领域的新变革，从单纯科研生产型转为科研生产经营开发型，从自我封闭型转为对外开放型，已经成为必然的选择。

顺应市场经济的浪潮，8359 所将发展的目光从院内延伸到了外部市场。在得知某横向无人机项目有贮运发射系统配套需求时，8359 所果断决定抓住这个机会，以传统发射专业为突破口，通过竞标承揽无人机发射装备任务，成功开辟成为三院纵向任务外的首个第二总体单位，为市场开拓掘得了第一桶金。这次有益的尝试也为后续成功开拓成为多个总体单位积累了宝贵的经验。

“市场”与“能力”总是相辅相成，8359所在“盯”住市场的同时，不断提升自身的专业能力。坚持改革创新、提质增效，建设创新型、能力型研究所，本着“做强做实总体室，做专做精专业室”的思路调整研究室，梳理形成四条生产线，成立适应市场需求的事业部，优化本部管理职能，进一步优化资源配置，推动转型升级高质量发展；注重深化专业发展和新型武器的加速研制，进一步拓展了所发射技术的应用领域；荣获国家科学技术进步奖特等奖，标志着8359所在发射技术领域取得重大突破；地面保障装备进入快速发展阶段，产品种类、服务领域明显增多。

随着核心能力的不断提升，8359所不断拓展专业领域，参与了以载人航天和探月工程等项目为代表的多个国家重点项目，成功培育华天机电研究所注入上市公司，研制的电动缸、气垫车、全向重载AGV等多个产品陆续投放市场，打破国外技术垄断，获得良好

的市场口碑，“马轮十六自由度机器人”项目惊艳亮相 2016 年全国双创周。进入新时代后，8359 所科研生产布局更趋完善，生产能力大幅提升，试验条件得到极大改善，研制的多型产品成为我国部队的主战装备，专业技术取得重大突破，预研创新取得丰硕成果。

改革新征程

从“小二黑”到“中国飞鱼”，再到“国之重器”，8359 所研制生产的装备先后参与了我国自 1984 年以来的五次大阅兵，印证了所从弱到强的发展历程。荣耀的背后，是全体 8359 所人的团结奋进和负重拼搏，他们在发射技术领域取得了一系列重大突破，达到了国际先进水平，多次荣获国家科学技术进步奖特等奖。从单一产品到系列化产品，随着产品研制能力的不断提升，8359 所的产业规模不断壮大。40 年来，8359 所充分挖掘职工内生动力，已培养造就了一支技术高超、作风过硬、经验丰富的科研生产队伍，涌现出全国五一劳动奖章获得者、全国青年岗位能手和全国技术能手等各类人才。

新时代孕育新机遇，新目标提出新要求。强军梦、中国梦对国防建设提出了新的需求，为我们强军报国提供了新的历史机遇。“两大目标四步走”发展蓝图正渐次展开，从历史深处一路走来的 8359 所，在千帆竞渡的新时代焕发出前所未有的生机和活力。

“雄关漫道真如铁，而今迈步从头越。”经历了改革开放 40 周年的沧桑巨变，8359 所落实强军首责的初心未曾改变。曾经的拼搏付出，所有的心血汗水，都将汇入中华民族伟大复兴的洪流。作为中国航天大家庭的一员，8359 所人将传承和弘扬老一辈的优良传统和宝贵精神财富，以永不懈怠的精神状态和一往无前的奋斗姿态，撸起袖子加油干，在属于我们这一代的接力赛中跑出好成绩，在实现强国梦、强军梦的伟大征程中作出新的更大的贡献！

重型装备　打造重型装备“国际范儿”

——航天三江重工装备民用产业发展纪实

应福根　张毓霞

20 世纪 80 年代末 90 年代初，深处大山深处的 066 基地生产的万山面包车、江北双排座载货车，一度享誉神州大地，创造了“西有万江”的神话。

进入新世纪，实现出山入市的航天三江人，如何适应改革开放和市场经济浪潮，续写航天三江“汽车梦”的辉煌，成为三江人孜孜以求的目标。

2008 年，航天三江孝感产业园动工开建。发挥自身在特种车辆技术领域的优势，航天三江奏响了进军高端重型工程装备领域的号角。

从零点起步到替代进口，再到走出国门，航天三江不断打造重型装备“国际范儿”产品，为国家高端装备增添“国之利器”。

免费用　撬动首个订单

重型平板车是承载平台可升降、承载能力强的自行式载重运输特种车辆，具有液压悬架、液压驱动、电子液压复合多模式转向功能，主要应用于大件物流领域，负责船舶、桥梁等超重、超大货物的转运。

当时，国外大型企业垄断了国内 95%以上平板车市场，液压组合挂车市场国外品牌占有率也高达 70%，关键技术一直受制于人。

国内造船业的快速发展，给平板车带来了机遇，2004 年，航天三江嗅到了这一先机。

拿什么和人家拼？经过调研，航天三江认识到，可以发挥国家级特种车辆技术中心的优势，明确了“高、精、尖”的研发模式和走高端化运作的策略，努力抢占高端装备产业制高点。

2004 年 11 月，航天三江与武汉理工大学联合成立重型平板车项目组，9 个月后，首台拥有自主知识产权的平板车产品成功下线。

2005 年 7 月，带着刚研发出的一台样车，航天三江万山公司（简称万山公司）参加了中国船舶工业集团公司 8 台平板车产品的竞标。面对国外竞争对手的强势打压，万山公司党委决定：8 台平板车免费使用，两年后以质论价，如有重大质量问题，分文不取。这份诚意打动了中国船舶工业集团公司，也为万山公司赢得了进军平板车市场的第一个批量订单。因为质量可靠，产品交付一年后，中国船舶工业集团公司就支付了全部货款，并成为航天三江的最大用户。

乘势而上，万山公司相继研发出了载重 250～700 吨系列产品。同时，时速 35 千米高速平板车、平板车衍生产品液压组合挂车、自

行式模块运输车及纯电动抬包车等产品相继研发成功，填补了国内空白。

2016年10月，万山公司生产的1台液压挂车和4台防爆平板车进驻海南航天发射场，完成长征五号火箭液氢燃料的转运工作。随后，作为唯一配套产品，万山公司液压挂车等先后顺利完成多个型号产品的火箭推进剂转运任务，鼎力支持国家航天事业发展。

“国际范儿”　打造豪华装备

新能源革命和国内企业的转型升级，不是只靠一两款先进产品和一个产业园就能解决的。

2012年5月，规划占地面积2 800亩、总投资50亿元的航天重工装备产业园破土动工。这一次，航天三江将目光聚焦在重型矿用车、高端智能工程装备等产业化项目，努力形成运输装备、挖掘装载装备、采矿装备等核心业务板块。

作为进军矿用装备“先锋”，拥有20余项专利技术的首台220吨新型节能多轴重型矿用自卸车于2013年7月交付用户进行工业试运行，打破我国大吨位重型自卸车长期依赖国外进口的历史，标志着我国大型露天矿山运输装备制造技术达到世界先进水平。

首战告捷，激发出航天三江重工公司（简称重工公司）干部职工更大的创新热情。在接下来的五年时间里，作为矿山装备的后起之秀，重工公司先后成功研制出高性价比的110吨两轴重型矿用自卸车、全球最大吨位363吨两轴重型矿用自卸车、全球首款新能源5吨防爆电动无轨胶轮物料运输车、全球首款多功能作业车、全球最大8.8米智能超大采高综采成套装备与示范工程等“国际范儿”产品。

110吨矿用车、363吨矿用车先后通过国家科技成果鉴定，双双达到国际先进水平。鉴定后，两个产品先后获得订单和租赁合同，合同额超过1.7亿元。而全球首款新能源5吨防爆电动无轨胶轮物料运输车、8.8米智能超大采高综采成套装备研发与示范工程——100吨蓄电池防爆铲板搬运车和100吨液压防爆支架搬运车，更是以强大的优势竖起了“现代绿色矿井环保智能辅助运输装备里程碑”，在产品通过国家科技成果鉴定、整体水平达到国际领先水平后，两个产品获得了近两亿元的订单，不仅成了目前国内该设备领域唯一拥有批量生产使用资质的安标证书产品，也成了神华集团有限责任公司“打造世界首条零排放绿色矿井”标志性产品，为神华集团有限责任公司打造“绿色矿山”“安全矿山”“智能矿山”提供了强大的支撑。

截至目前，在许多老牌国企露天矿用装备年销量为零台的情况下，重工公司世界首创、全球最大、性价比高三大矿用车全部奔驰在国内大型露天矿，成为目前国内露天矿最豪华的车辆。

全方位　进入“快车时代”

我国虽为装备制造业大国，但产业大而不强，低水平重复建设严重，自主创新能力薄弱。

在国家《中国制造2025》和“绿色矿山”“安全矿山”“智能矿山”规划的号召下，航天三江开启了创新创造模式。

如何避免同质化竞争，航天三江的做法是：把用户需求摆在最突出的位置，在引领需求上做足文章。

为满足用户维护需求，航天三江研发了车辆远程监测及故障诊断系统，以互联网、GPS等公共远程通信技术为基础，依靠车辆上的信息采集、转换和传送装置，对车辆故障跨地域即时诊断，实现“24小时全天候售后服务”。

考虑用户精确对接需求，航天三江成功攻克自行式模块运输车精确对接技术难题。该技术不受场地限制，并能在一个遥控器的操纵下，实现数台车的同步提升、同步转向、同步驱动等功能，对接误差小于2毫米，而国际上同行业的对接精度一般都在10毫米以上。

在让用户“用得放心、用得安心、用得顺心”的服务理念下，重工公司一路“过关斩将”。2012 年 3 月，220 吨多轴重型电动轮矿用自卸车成功研制，以 20 多项国家专利成了世界首创；2012 年 10 月，6 台模块运输车在江南造船厂并车完成 1 680 吨船体分段运输，刷新了并车运输国内纪录；2015 年 1 月，全球首款新能源 5 吨防爆电动无轨胶轮物料运输车下线，航天三江成为国内该设备领域唯一拥有批量生产使用资质安标证书产品的企业；2017 年 4 月，万山公司平板运输车运载我国首艘国产航空母舰下水；2017 年 12 月，8.8 米智能超大采高综采成套装备研发与示范工程成功研制，成为煤炭领域世界最大矿井特种车辆。

如今，航天三江成为国内集研制生产平板车、自行式模块运输车、液压组合挂车全系列产品以及重型矿用车、防爆电动运输装备于一身的企业，其产品广泛应用于造船、路桥、油田、航空航天、冶金、露天矿、煤矿等领域，成了国内“振兴高端装备、打造大国重器”的排头兵。

奋进新时代，谋划新未来。着眼新时代新形势，在继续高端重型工程装备产业的同时，航天三江领导班子又着眼未来，向着新能源汽车领域积极探索。

2018 年 6 月 20 日，航天三江与孝感市人民政府、青岛澳柯玛控股集团有限公司签署战略合作框架协议，三方将在新能源物流车项目开展合作。与此同时，航天三江与厦门金龙旅行车有限公司（简称厦门金旅）合作开展的新能源客车项目也在如火如荼地推进着。

见证改革开放40年产业结构升级

——航天宏华自主创新践行强国战略

平赛克

中国首台DBS钻机、中国首次成套钻机出口海外市场、中国首次成套钻机打入美国市场、中国首次成套钻机出口俄罗斯、中国首套海洋深水钻井船钻井包、中国首台“地壳一号”万米钻机、中国首台“极光”号极地钻机……一个个“首台”“首次”“首套”不仅见证了宏华集团有限公司（简称宏华）20年来突飞猛进的发展成就，还见证了改革开放40年来中国产业结构优化升级的辉煌历程。在中国特色社会主义进入新时代的历史方位上，宏华坚持自主创新，是对强国战略的有力践行。

一、中国钻机享誉全球　见证改革开放对外贸易产业升级

1978年，十一届三中全会的召开拉开了建设中国特色社会主义道路、改革开放的序幕。此后，中国积极利用自身比较优势参与国际分工，促进对外贸易出口和本国经济发展，仅用约20年的时间，实现了出口产品结构的根本性改变——从20世纪80年代由初级产品为主到90年代以机电产品为主。进入21世纪，中国的成套装备和高新技术产品出口终于开始在全球市场崭露头角，宏华制造的石油钻机成为中国成套能源装备出口的“先行者”。

（一）应运而生　宏华DBS钻机一鸣惊人

1997年年末，经有关部门批准，川油广汉宏华有限公司正式成立，宏华从一家集体企业成功改制为股份制。体制的创新让新生的

宏华激发出无限的活力，甫一成立就一鸣惊人。

当时中国石油钻机完全没有数字化的概念，钻井作业以 20 世纪 70 年代从罗马尼亚进口的 F320 系列钻机为主，无法满足国家“九五”“十五”油气勘探开发对钻井装备的要求。1998 年，宏华提出钻机升级改造的方案，并自主设计、制造和成套，将 F320 钻机全面升级改造为性能更为优良的 ZJ70LC 钻机。宏华 ZJ70LC 钻机得到了中国石油天然气集团公司及国外专家的高度评价，更随中国钻井队到国外作业，一度成为中国超深井钻机主力机型，为中国深部油气藏勘探开发作出重大贡献。

2001 年，由宏华设计、制造和成套的数控变频电动石油钻机 ZJ40DBS 通过有关部门组织的出厂验收。同年，宏华 DBS 数控变频电动石油钻机被国家经贸委列为 2001 年国家重大技术装备创新研制项目，并于 2002 年通过了由中国石油天然气集团公司组织的国家级科技成果鉴定，认为“该钻机第一次在国产钻机上建立起较为全面的数字化、信息化、智能化平台，为实现优化钻井创造了设备条件，钻机总体性能达到国际90年代后期的先进水平”。

宏华DBS钻机的成功研发和应用，是基于多年坚持科技创新的革命性成果，更是中国改革开放20年产业结构完善升级结下的硕果，中国制造高端钻机成功助推全球钻机升级换代。

（二）对外开放 中国成套钻机首次出口海外

进入21世纪后，中国经济驶入发展快车道，不仅综合国力大幅提升，国际经贸环境更得到了显著改善。

2001年12月，中国正式加入世界贸易组织（WTO），实现了与多边经贸体制的接轨，产业深度融入国际分工体系。宏华随即成为中国能源装备“走出去”大潮中的弄潮儿。

2002年，宏华通过中国石油技术开发公司向乌兹别克斯坦出口10套ZJ50DBS钻机，这是中国首次向海外出口成套石油装备。

2003年春天，宏华同印度客户签订钻机销售合同，中国的石油钻机制造企业第一次直接将成套钻机销往海外。印度项目的圆满完成，让宏华对国际石油装备贸易的商业模式、支付方式和售后服务有了全方面的认识，对自主品牌的价值有了更高层面的认知。不满足于第一桶金的宏华，以世界一流的创新技术、怀着对中国改革开放的坚定信心，把目光转向全球高端石油装备市场，开启中国能源装备走向世界的大门。

（三）破冰之旅 中国能源装备打开国际市场

2004年，宏华在美国注册公司，一方面着手对当地市场的调研，另一方面为即将启动的项目做售后服务的准备。

2005年，宏华自主设计研制的液压起升拖挂钻机40DBST成功销往美国市场。该钻机被设计为完全液压起升、整个运输过程中都不需吊车装卸，是宏华按照美国市场客户需求、美国井场作业模式设计制造的全新产品。这不仅是宏华DBS技术在美国首次成功应用，更是中国首次成套钻机出口美国。飘扬着中国国旗的钻机在高耸的落基山上俯瞰科罗拉多大峡谷，受到美国行业内外的广泛关注。

宏华 40DBST 的成功销售，让中国钻机第一次在美国市场中树立了良好的品牌形象，为宏华在美国的市场开拓开了个好头。此后，宏华制造的钻机大量出口美国，更助推美国页岩气革命，在页岩气开发领域积累了丰富的装备经验。

2007 年 4 月，宏华自主设计、自主品牌的专门针对俄罗斯及北欧市场研制的首台中深井高寒钻机出口俄罗斯，这是中国首次成套钻机出口俄罗斯。

中国坚持深入对外开放，加快推进“走出去”步伐，提升产业技术水平和创新能力，逐步缩小了与发达国家的差距。在有效推动自身产业发展和转型升级的同时，中国积极展现大国担当，多年对世界经济增长贡献率超过 30%。

在改革开放政策的指引下，宏华不仅实现从自主创新到自主品牌、自主营销渠道的转变，更成功吹响了“中国制造”能源装备走向全球的号角，引领越来越多的中国能源装备企业将产品销往世界各地。

二、自主创新开花结果　高端能源装备为强国战略保驾护航

党的十八大以来，以习近平同志为核心的党中央把创新提高到前所未有的高度，提出“创新是引领发展的第一动力”，实施创新驱动发展战略。同时，中国发展条件和比较优势发生重大变化，产业结构加快向技术密集型制造业转型，建立了门类齐全的现代工业体系，跃升为世界第一制造大国。在万众创新的新时代，多年来坚持不懈自主创新的宏华也步入技术成果丰收的季节。

（一）“地壳一号”为国家深地规划提供装备保障

2018 年 5 月 26 日，宏华参与完成的大陆科学钻探工程（松科二井）正式完井。松科二井完井及取芯深度达到 7018 米，成为全球

首个钻穿白垩纪地层的陆相科学钻井。该工程使用的钻机，正是由吉林大学和宏华共同研发、宏华制造的中国首台万米大陆科学钻探专用钻机“地壳一号”。

作为“十三五”国家科技创新规划中深地规划的重大成果之一，“地壳一号”在国内超深钻机领域处于领先地位，自 2014 年开钻以来，为多项地球深部探测重大技术难题的攻克以及创造四项深部钻探技术世界纪录等重大成果提供了可靠的装备保障，更在保证资源供应、防灾减灾、发展地球科学方面产生了巨大意义。

（二）"海洋装备陆地造"助力中国海洋钻井装备发展

2010 年，国务院发布《关于加快培育和发展战略性新兴产业的决定》，第一次将海工产业提升到国家发展战略层面。2012 年，党的十八大明确提出了"逐步把我国建设成为海洋经济强国"的宏伟目标。

2014 年 11 月，为中国首艘自主知识产权深海钻井船 Tiger－1 在上海举行命名仪式。船上最核心的部件就是宏华自主设计、研制的深海钻井包。

宏华研制的 Tiger 系列深海钻井包是中国设计、制造的第一个深水浮式钻井包，实现了国际深水钻井包的主流功能，具有完全自主知识产权，在中国海工装备领域领先 5～10 年，填补了至少 14 项中国海洋钻井装备的技术空白。作为宏华"海洋装备陆地造"理念具有代表性的成果，宏华 Tiger 系列深海钻井包独树一帜，打破了

欧美公司对全球海洋钻井核心装备的垄断局面，实现海洋装备国产化。

（三）中国“极光”号北极圈内大显身手

2016年2月，由宏华自主设计、研制的“极光”号极地钻机在位于北极圈内的俄罗斯亚马尔地区开钻。“极光”号是中国设计、制造的首台极地钻机，可在零下50摄氏度和12级以上强风环境下连续工作，是保障中国和俄罗斯合作的亚马尔液化天然气项目顺利开展的重要装备。

亚马尔液化天然气项目是中俄能源合作重大项目，是中国提出“一带一路”倡议后实施的首个海外特大型项目。该项目带动和促进了国内钢铁、电缆等众多产业技术创新和转型升级。

以宏华为代表的中国企业全方位参与亚马尔液化天然气项目，实现了由低端制造到高端“智”造的跨越式发展，整体带动国内的产业升级、装备制造业发展。

（四）深海可燃冰开采技术引领中国能源战略

2018 年 6 月，宏华受邀担任中国海洋资源发展战略研究中心理事单位，张弭总裁受聘担任理事。这是该中心除中国海洋石油集团有限公司之外唯一一家海面上、水下、地下科技研究三管齐下的企业单位和装备研发单位。宏华还在当年成为“天然气水合物国家重点实验室技术创新联盟”成员。

天然气水合物（俗称可燃冰）是全球总储量最大的新型能源，受到各主要发达国家的高度关注并投入巨资开展研究。宏华积极开展天然气水合物开发技术装备研究，于 2013 年与中国科协副主席周守为院士工作站合作建立“宏华院士工作站——深海资源开发研究工作站”。

宏华先后同中国海洋石油集团有限公司及多家科研院所建立合作，成为国内唯一一家专注于天然气水合物绿色固态流化开采装备开发的企业，不断巩固自身在海洋天然气水合物开发装备制造国家层面的领先地位。

随着中国改革开放不断发展壮大的宏华，始终坚持深入贯彻落实国家重大发展战略，围绕“体制创新、机制创新、技术创新、产品创新、市场创新”五个创新，以先进技术占领市场制高点，不断推动中国重大装备制造产业升级，带动中国高端装备制造“走出去”，连续十年排名中国石油装备制造企业出口创汇第一。迄今，已累计向全球 30 多个国家和地区出口钻机及部件，成套钻机出口总额达 51 亿美元。

三、华丽转身融入航天　斗志昂扬开启新时代伟大复兴新征程

1978—2018 年，是中国改革开放走过 40 年的光辉历史，也是中国出口产品技术升级的进步史。宏华亲身参与了中国出口产品升级的历程，发展为其中具有代表性的组成部分，成为中国高端油气

装备占领全球市场的历史见证。

改革开放40年，中国成功实现国家所处工业化阶段的历史性跨越，各行各业的新技术、新产业、新模式不断涌现，产业结构实现转型优化，智能制造更成为加快中国制造业转型升级的主攻方向。以习近平同志为核心的党中央以新发展理念为统领，以深化供给侧结构性改革为主线，着力推动工业经济结构调整和转型升级，中国正由制造大国向制造强国大步迈进。

（一）志同道合　宏华融入航天科工树立全新战略定位

2017年6月16日，中国航天科工集团公司（简称航天科工）控股宏华集团有限公司交割仪式在成都举行。宏华在企业成立20周年之际，正式成为航天科工大家庭的一员，迎来自身发展史上的重要里程碑和难得的历史发展机遇。航天宏华作为航天科工下属的二级单位，开始以全新的精神面貌展现在世人面前。

2017年10月，党的十九大胜利召开，中国特色社会主义进入新时代。不忘初心、牢记使命，迎难而上、开拓进取，新的时代赋予了航天宏华新的使命。

在集团公司“一主两翼”产业布局中，航天宏华将核心承载“两翼”中的装备制造业，全面实施民用产业价值工程，助力集团公司完成产业协同发展目标，努力实现集团公司对航天宏华能源装备制造的龙头企业、装备制造的核心单位之一、国际化经营的核心单位之一和境外投融资平台的战略角色定位。

（二）轻装上阵　航天精神指引宏华卸下包袱迎接新时代

加入航天科工大家庭后，宏华这个刚刚加入航天科工的“新兵”既感到了集团公司领导的重视和爱护，也得到了各兄弟单位的关心和支持。

“宝剑锋从磨砺出”，在集团公司的指导和帮助下，航天宏华积极把握时代机遇，牢记使命，以高红卫董事长对宏华公司提出的“能源装备＋互联网”战略方向为指引开展转型升级和二次创业，站在“全集团一盘棋”的高度推进工作，坚定信念，积极作为，落实责任。

全力以赴确保年度经济指标的完成。一方面细化梳理全部项目、落实订单，对标全年营业收入任务弥补收入缺口，抓住国际油气市场逐渐复苏和国内大力开发页岩气的市场机遇，加强国内外市场拓展，利用航天云网等新型营销平台，发动全员营销；加强产销衔接，以项目为抓手，层层抓落实，责任分解到人，全力确保年度收入目标达成。

优化经营，促进企业高质量发展。围绕亏损企业治理工作，航天宏华主动作为，注重亏损企业治理的实际成效，落实治亏责任状，确保每项治亏工作落到实处；在集团公司资产部的指导下，航天宏华以压减专项考核为抓手，加强对各三级单位压减任务的专业指导、过程管控与结果评价；通过开展专项风险化解工作，逐步完善风险事件管理机制，推进风控体系建设工作，增强风险防控能力。

落实规划，明确定位与发展目标。为贯彻落实集团公司“十三五”规划和产业协同和战略部署要求，航天宏华结合宏观经济形势及油气行业发展趋势，综合航天宏华的实际发展情况及协同情况，对“十三五”规划中后期的发展目标及重点任务进行了适应性调整。

把党的政治建设摆在首位，全面落实和加强党对企业的领导。坚决贯彻落实集团公司党组决策部署，党建工作有力地确保了中心任务的完成；全面落实党建工作责任，强化“三基建设”，党组织、党员作用得到进一步发挥；加强党建引领，强化宣传思想文化建设及群团工作，增强了干部职工获得感。

通过一年多艰苦的努力，航天宏华融合工作已经初具成效：集团公司下达的各项重点工作任务得到有效落实，企业生产经营状况得到显著改善，财务基础管理水平大幅提升，法制基础建设水平充分强化，党建工作宣传活动规范开展，企业经营情况逐步转好，为宏华在“十三五”期间大展身手打下良好基础。

在改革开放新时代的大好局面下，航天宏华将进一步落实国家创新驱动发展战略，紧紧抓住产业发展的机遇，以“转型升级、二次创业”为核心战略主题，紧扣国家战略与集团公司战略指导思想，紧跟装备制造业互联、智能、绿色的技术革命浪潮，向着实现能源产业转型升级的战略目标全力迈进。

航天品质　管通天下

——记华创天元海外施工班组

谢　荣

40年的改革开放历程风云激荡，华创天元实业发展有限责任公司（简称华创天元）砥砺奋进，坚定“走出去”战略，从一带一路国家和地区到南北美洲，从援建到战略投资，从简单劳务输出到高端装备制造和技术支持，华创天元让一张张“中国名片”在国际市场越来越闪亮。

从2002年开始，华创天元“走出去”的历史上就有这样一支队伍，富有激情而充满活力，从他们的身上可以看到公司成立20年进程中的发展投影，同时也最能展现华创天元人在国际市场描绘“中国故事”的灿烂图谱。他们用智慧与力量，践行“航天品质、管通天下”，他们就是华创天元海外施工班组。

华创天元海外施工班组共计12人，秉持“产业报国、品质立市”核心理念投身航天民品事业，常年转战于华创管道畅销的国际市场，书写无怨无悔的青春誓言。

“追梦”国际化，“华创”通天下

海外施工班组人员不多，但人人都是精英，个个都是“多面手”，特别是在工程施工方面都身经百战，具备现场随机应变的能力，能随时解决疑难问题。他们素质优良、吃苦耐劳、具有舍小家顾大家的高尚品德。“每逢佳节倍思亲”，春节在国外施工对于他们来说是常事，从无怨言。他们在海外的工程，受到甲方的高度赞许，收到的表扬信数不胜数。公司的很多延伸合同能够成功签订，这与他们的辛苦付出和对工作的热忱密不可分。

南美新天地，“黑色九月”开启秘鲁之旅

2017年年初，秘鲁驻华大使曾就习总书记提出的“一带一路”倡议这样表示：“秘鲁正在和其他拉美国家一起开展21世纪海上丝绸之路的工作，并试图把中国和秘鲁的港口连接起来。”2016年，华创天元就已经借助国家的“一带一路”东风，成功获得秘鲁某尾矿项目。9月，海外施工班组成员下定“黄沙百战穿金甲，不破楼兰终不还”的决心，誓让国际友人认识中华管道、认可航天品牌。

然而刚开始，极为恶劣的施工环境就给了他们一个“下马威”：施工地点完全处于荒漠戈壁，终年寸草不生，当地风沙大且频繁、紫外线强度高。最让他们头疼的还是两国之间的文化差异，除语言和生活习惯等方面之外，甲方技术人员遵从的管道行业标准与国内截然不同，这就导致预先配送的管材和实际需要的管材存在诸多差异。考虑到管材运输周期长且不便，海外施工班组成员来到工地做的第一件事就是重新根据图纸核对管材。异国他乡，面对数以千计的管线图纸，一个月的白天黑夜连轴转，大家困了就趴在图纸上休息；再加上饮食差异和倒时差的折磨，有人开始出现水土不服、上吐下泻的状况。但没有一个人表现出畏难情绪，“特别能吃苦，特别能战斗，特别能攻关，特别能奉献”在他们身上展现得淋漓尽致，这为后续管道安装打下了坚实基础。最初那几个月的经历，被他们戏称为“黑色九月”。

“鼓励犯错”，初尝成功之果

管道安装作业开始，海外施工班组成员分别对施工队伍开展培训指导，一一讲解管道安装所需的切割、打磨、封口、焊接等工

序。然而，不同国度的人彼此交流犹如隔着山一样，很难准确理解对方想要传达的意思。

渐渐地，通过磨合以及对彼此的信任，他们摸索出结论：只有在实际操作中才能让对方加深领悟和掌握。每一道接口的安装质量，他们采取“纠错”的方法来指导作业，让施工人员放手去做，边实践边培训，时时动态人为监控和“因材施教”，让国外施工人员更快更准地掌握管道安装技术。在该过程中，半生不熟的语言交流加上手脚并用的“肢体语言”，让他们和秘鲁伙伴越来越默契。

质量员看完演示，竖起大拇指，说：“Your company’s production is good，The technology of this pipe is advanced in Peru（你们的产品真棒，这种管道技术在秘鲁处于先进水平）。”那一刻，大家内心的自豪感油然而生。这不仅是国际友人对航天华创品牌的认可，更是对中国的赞誉。

水到渠成，贯通丝绸之路

安装完成的管道进行第一次试压的工作，因为是南美第一批钢骨架塑料复合管道，业主方、监理方和施工方都高度关注。随着打压设备的往复运转，压力逐渐上升并达预定压力；保压之后，所有接口无一处泄漏。监理方则纷纷竖起大拇指，对“中国制造”“航天品质”大加赞赏。

回想秘鲁之旅，正是他们的情怀和担当，得以使中国和秘鲁被一条管线相连，更促进“一带一路”倡议在秘鲁大地开花结果；正是他们的心血和汗水，得以让中国航天与秘鲁尾矿因为一条管线相通，为助推当地经济发展施能效力；同时也是他们的睿智和果敢，赢得了秘鲁人民对华创管道的认可和赞誉，树立起品牌和旗帜的同时，更为公司“十三五”战略规划的落实打好前战。

马不停蹄，又出征玻利维亚钾盐项目

2017 年 6 月，随着一同穿越到地球另一端的钢骨架复合管，海外项目组成员来到这俗称“天空之境”的乌尤尼盐沼。乌尤尼盐沼在玻利维亚波托西省西部高原内，海拔 3 700 米，是世界最大的盐层覆盖的荒原。

与其他高温、战乱等地区不同，这里的高原反应是无法躲避的。在这里，空气干燥、嘴唇皲裂；在这里，打个喷嚏，毛细血管就可能爆裂，经常流鼻血；在这里，快走容易晕倒，慢跑容易窒息；在这里，氧气瓶、降压药、古柯茶是必不可少的救援措施。

数九寒天，威逼阳刚之气

“冬夜夜寒觉夜长，沉吟久坐坐北堂。”国内的夏季在这里正好是冬季，凛冽的寒风呼啸地刮着，宿舍、办公室、食堂都是临时搭建的简易板房，更加让人无时无刻地感受着寒风的刺骨。夜里是最难熬的，用厚厚的被子裹住自己，沉寂在这黑夜，听着寒风透过窗子发出的“催眠曲”，却丝毫没有一点睡意。

初战告捷，难掩内心之悦

面对紧张的工期，没有多少时间可以休整，海外施工班组成员感觉自身的精神状态“良好”，就上岗了。项目经理劝说道：“安全第一，再休息两天吧。”他们开起玩笑说：“休息得挺不错，最主要是华创天元人都年轻”。经理竖起了大拇指，玩笑中带着认真说道：“不仅是你们年轻，是你们华创天元精神更年轻！”

开展工作从给施工队做培训开始，不间断的情况下，海外施工班组成员轮流讲述短短的“一小时零十一分钟”课程，足以让每一个人上气不接下气，高原换气的困难不言而喻。当进入施工现场进行实际操作培训时，每一次休息，他们总是喘着大气互相开玩笑：“老了！”“在这待久了，回国可别醉氧哦”……就这样，欢乐的调

侃与充实的作业任务与他们相伴，度过海外的每一天。

当地的阳光不是那么的“温柔”，高强度的紫外线照射，让人难以睁开眼睛，光照射在脸上，片刻就能感觉到灼烧的疼痛。安全帽、太阳镜、魔术面纱是必不可少的“武装”装备，防寒时也要做好防“暑”工作。管道的焊接情况更是令人哭笑不得，受强光照面和背光侧面有30多摄氏度的温差，还得给管道“打伞”才能作业。

收起思乡情，忙碌工作。日复一日，除了每天去各个作业组，还要检查每条线的试压情况。打压陆陆续续地进行，现场没有任何一个焊口出现问题。虽然工作环境艰苦、思乡之情痛苦，但是他们互相鼓励着彼此，因为一个目标：2017——决战天空之镜，直至凯旋。

一波未归，一波又走

集体的出征或许还有些许亲人陪伴的感觉，但一个人踏上海外异乡，那种感觉只有身临其境，才能体会其中滋味。

凌晨4点，华创天元职工登上开往塔尔电厂的安保车辆，在巴基斯坦军方的护送下，经过8个小时400多千米的路程，穿越200多千米的沙漠，来到他们工作的地方。

一句问候来之不易，他们的国际“旅程”异彩纷呈。

刚踏进大门，一道道荷枪实弹的守卫就映入眼帘，绝对不是电影大片，可以真实地感受到他们的心跳。同行的伙伴互相打趣地说道：“进入这道门，我们的‘刑期’就正式开始喽。”5人间的活动板房，环顾四壁，用简陋形容最为确切。唯一现代化的设备就是空调，1月份就30多摄氏度的塔尔夏天该怎么度过？没有它，真的可就是“刑期”来喽。

经过短暂的休整，大家迅速进入工作状态。因为施工方为当地单位，语言不通、思维不同、工作方式也不一样。说不通就只有做，不懂就一遍遍演示和操作给当地人看，边学边做、手舞足蹈，现场成了华创天元人的“表演舞台”。

当地的施工环境异常恶劣，反复无常。为了保障质量过关，每一道接口华创天元负责人都亲自把关，亲自验收。3 月份，气温已达 45 摄氏度以上，加上超强紫外线的“摧残”，这样的日子相信谁也不愿意过第二次。汗水渗透他们厚厚的工作服，蒸发后衣服上就会留下一层厚厚的白盐，而这一块块白色印记就像勋章一样挂在胸前。草丛里还可能窜出来蝰蛇和眼镜王蛇，他们在管沟里经常和它们不期而遇，如果不慎被咬到，根据当地的医疗条件，存活的几率非常小。

施工期间常有人员来参观，华创天元人又成为他们的解说员，变成了中国制造和航天文化的传播者。通过向他们全面讲解航天华创管道的优越性和良心的售后服务，在努力完成该项目的同时，华创天元人希望拓展思路、拓宽渠道，通过自己的绵薄之力为公司促成二次销售。当然，华创品质的管道和优质的服务也赢得了国际市场和海外友人的赞赏。

离家日子一百多天，离国日子却像是好几年。卡拉奇这座世界上最危险的城市之一，常有中国人遭遇恐怖袭击的事件发生，他们平时的活动范围被严格限制在电厂范围内。闲暇时间大家就席地而坐，一起聊聊家乡、聊聊家庭、聊聊不同国度的风土人情，开一开真正意义上的“国际玩笑”。2018 年的春节很多人没和家人一起度过，那时，有家人的质疑，还有妻儿的抱怨，但他们相信当大家完美地完成任务归国，为祖国和航天华创牺牲一点自我，为品质管道的发展贡献一点自己的力量，一切付出都是值得的。就是在这样的环境下，他们坚持着，秉持着心中最初的那份坚定，将“品质立市、管通天下”的航天华创智慧融入作业，转化为生产力，带着它走向世界。

以精益求精的标准要求自己

随着海外市场的拓展，华创天元的足迹行至越来越多的国家和地区。他们经历战火洗礼，无畏生死依然心系祖国；他们直面枪林弹雨，执着坚守铸就航天品格。除夕之夜与家人远隔万里，男儿也曾为亲情泪眼婆娑……他们是华创天元国际化服务的开拓者，是经历生死考验的勇敢者，是仰望星空、俯首奋斗的追梦者，更是无怨无悔、大爱无声的航天人。在共建“一带一路”的征程上，他们牢记使命、不负重托，用勤劳与智慧提升了华创天元品牌和航天事业的国际影响力，为“中国制造”擦亮了耀眼的铭牌。

华创海外班组坚定不移，脚踏实地，从成立到成长，从困境到提升，从国内到国外，始终以航天精神为指引，以创优品质为导向，以始终不变的良心制造生产和品质服务来塑造企业价值。无论困难坎坷，无论前路崎岖，华创天元海外施工班组坚持品质服务，无论是单兵作战，还是集体出征，他们始终勇往直前、敢为一流，将中国管道铺满全球，将中国品牌远销四海，将中国故事传送世界，真正做到华创天元，管通天下。

数十年磨一剑：从涅槃重生到辉煌腾飞

——283厂改革开放40周年人才发展历程纪实

杨　菲

1983年，283厂从一条生产线正式成立为独立单位。沐浴着改革开放的春风，283人开始了艰难的创业历程，老一辈“匠人们”在百废待兴的基础上，重拾手艺，苦练技艺，并在今后的数十年里，培养了8名全国五一劳动奖章获得者和28名全国技术能手，孕育了多位大国工匠。

2018年，283厂迎来了35岁的生日，283厂高技能人才队伍建设硕果累累，培育了一大批秉承工匠精神、技能高超的高技能人才。其技术工人总量占航天二院全国技术能手的60.87%，占中国航天科工集团有限公司全国技术能手总数的20.5%，高技能人才队伍处于行业领先。然而，283厂并没有就此止步，她迎来了“建一流人才”和“创建世界一流防务装备供应商”的历史使命。

坚守与传承

改革开放初期，生产水平较为落后，生产条件也十分艰苦，所有工序完全靠人力手工操作，对于283厂人来说，这是一段平凡坚守与匠心筑魂的历程。当时经常可以看到这样的场景：产品吊装需要人力在室外40摄氏度暴晒下操作，结束后所有人衣背尽湿；产品转运靠人力推拉，上下坡便是他们的梦魇；喷涂没有任何排风防护措施，一天下来口鼻乃至全身都是涂料……在这样的环境中，283厂的“匠人们”一点点打磨自己的技艺，夜以继日地翻书、学习，百次、千次地试验，一毫米一毫米地琢磨产品，一丝一丝地锻造技术水准。

马景来师傅便是其中的佼佼者，他17岁便开始参加工作，一直坚守在生产第一线，他是全国五一劳动奖章获得者、中国航天科工集团有限公司首席技师，是北京市职工创新工作室带头人，以马景来师傅命名的班组还被北京市总工会授予职工创新工作室——精密机械加工马景来工作室。以马景来、曹彦生、常晓飞、曹彦文为代表的四代师徒登上央视《焦点访谈》栏目。

在数十年的人才培养过程中，传统的“师徒”模式与老中青“传帮带”作用发挥了非常大的作用，这不仅仅是技能的薪火相传，更是工匠精神和航天精神的薪火相传。

多措并举　大国工匠迸发

在航天传统精神、“两弹一星”精神和载人航天精神的基础上，283厂将思想文化建设作为支撑企业发展的五个有力支撑之一，提炼形成了航天新风文化，确立了“国家利益高于一切”的核心价值

观，以及“科技强军、航天报国”的使命，将“质量、创新、和谐、执行力”确定为企业的四大文化基因，将“把事当事、干成干好”确立为企业的行动准则，在此基础上，形成文化引领，将“敬业、精益、专注、创新”等工匠精神内涵全面贯彻，并培育成为283厂职工自觉的价值趋向和行为准则。

在技能人才培养探索过程中，283厂总结经验教训，建立了具有企业特色的职业技能竞赛机制、导师带徒机制和工匠工作室机制，开始走向制度化、程序化和规范化。

从2002年开始，283厂开始引入职业技能竞赛培养模式，缩短优秀技能工人的职业生涯发展周期，带动年轻技能人员发展，实施赛前培训多元化，利用内部师资、内部设备开展内训，利用外部设备开展外训，涵盖工具钳工、电焊工、无线电装接工、数控车工、数控铣工等10余个工种，充分激发和调动了广大职工学习专业技能的积极性和自觉性，企业技能水平整体提升，企业全面实现了技术

进步和产业升级。“导师带徒”岗位培训模式始终伴随着青年技能人才，即入职时培养“新生代”，转岗时打造“多面手”，培养输送青年核心人才，并创新建立了“双导师”“多导师”制度。

通过多措并举，283 厂形成了工匠精神迸发、高技能快速成长的裂变效应，工匠精神在企业能得到全面弘扬和彰显，为企业转型升级发展提供了人才保证和精神保证。

笃行其中与行稳致远

党的十九大报告提出要建设知识型、技能型、创新型劳动者大军，弘扬劳模精神和工匠精神，营造劳动者光荣的社会风尚和精益求精。

2018 年年初，283 厂第二次党员代表大会确立了新的愿景，即建成世界一流防务装备供应商，并且确立了建立一流人才、一流技术、一流质量和一流市场四个维度，其中一流人才是根本。

2018 年 8 月 31 日，283 厂成立了自己的企业大学——航天新风学院。航天新风学院以培养一流人才、促进职工与企业共同成长为建设使命，以“开放、创新、共享”为建设理念，以“上岗必训、升职必学、在岗必讲”为建设要求，借鉴高校管理模式，实施虚拟化运营，下设技术研修学院、技能培训学院和现代管理学院三个分学院以及教务室，将人才培养体系更加系统化、规范化，打造成职工成长成才的战略性支撑平台，培养技术、技能和管理三支“正规军”。

历史的指针从不止步。1978 年至今，283 厂马不停蹄地走过了 40 年，这 40 年里，283 厂人凭借着一股逢山开路、遇水架桥的闯劲儿和水滴石穿的韧劲儿，经历了涅槃重生，也迎来了遍地鲜花，更重要的是，在今后的历程中会依旧笃行其中，并且不断大道致远。

聚力改革创新　迈向高质量发展

——航天三江南京晨光改革发展纪实

刘淮宇

进入9月份后，慕名来到江苏金陵智造研究院有限公司参观访问和洽谈业务的客人络绎不绝。这家由中国航天科工集团有限公司第四研究院（简称航天三江）南京晨光集团有限责任公司（简称南京晨光）注册组建的全资子公司在2017年刚刚成立，短短一年间就因其在智能制造技术产品研发和产业孵化方面取得的积极成果获得业界青睐。

改革开放40年特别是党的十八大以来，南京晨光在产业布局、能力建设、市场开拓、党的建设等方面取得了令人瞩目的发展成绩，公司战略地位显著提高，这其中蕴含怎样的经验和奥秘，未来公司发展又将“剑指何方”？

在南京晨光建厂153周年暨改革开放40周年之际，记者带着这些问题来到该公司科研生产和产业发展一线进行实地探访，感受近些年来企业改革发展取得的显著成绩和干部职工展现的昂扬风貌。

改革引领发展　创新激活动能

南京晨光的前身是1865年由李鸿章创办的金陵机器制造局，距2018年已有153年的历史，积淀了独特的文化传统。作为一家百年老厂，一代代晨光人肩负历史使命，历经时代变迁，推动企业由民族军工向人民军工、再到航天军工实现一次次历史性跨越。

进入“十三五”之后，面对国家和中国航天科工集团有限公司对企业转型发展提出的新要求，以及传统研制生产和管理模式与肩负任务不相适应的严峻形势，南京晨光党委班子意识到，只有加快变革、加速技术进步，才能适应需要、提高效率。“进行一场覆盖科研生产指挥管理、研制生产组织、资源配置优化、人事用工考核等多个方面的大刀阔斧的改革，势在必行!”南京晨光党委书记、董事长胡建军说。

围绕建成航天领域一流的现代化研制总装核心单位战略目标，南京晨光以问题为导向，推动全面深化改革，着力实施产业结构调整、主业能力提升、信息化建设、党建思想政治建设“四大工程”，以及创新驱动、人才强企、质量制胜等战略，在人才、管理、科研生产和技术研发体制机制等方面创新突破，引领企业实现转型升级。

南京晨光总经理徐彤认为，“四大工程”都是着眼于企业当下和未来发展面临的瓶颈和难题而设计的，其中信息化建设是企业实现整体性目标的系统性抓手。“经过多年建设，南京晨光的系统

集成开发数字化研发平台、数字化运营管理平台、智慧企业运营管控平台‘三大平台’日臻完善，现代化的智慧企业呼之欲出，公司运行的现代化、科学化、智慧化水平走在了行业前列。”他介绍。

在组织变革方面，南京晨光在中国航天科工集团有限公司内第一个成立了体系信息化部，负责信息化建设的牵头实施，与华为公司合作对业务流程架构进行重新梳理，把流程变革和优化作为推动转型的重要抓手。体系信息化部部长赵晖介绍，公司现已将质量、职业健康与安全、环境三大体系加以整合实行集约管理，大大减少了体系文件数量，节省了人力、物力，且有效提升了工作效率和工作质量。

为用好人才这个第一资源，公司在每年的“七一”大会上都会表彰一批领军人才和创新人才，最高一次性奖励10万元。近年来公司涌现的科技创新尖兵、技术领军人才、劳动模范等，同革命英烈、优秀党员一道，登上了厂区道路两侧悬挂的展板，同样受到褒奖与尊崇。发展计划部部长李景虎告诉记者，这些年，生产车间职工的工作状态变化也特别大，从以前的被动等待、推脱工作转变为主动找任务、争取任务，“这与公司分解工作内容、实施精细化管理密不可分”。据统计，与“十二五”末相比，在投资未增加、人员数量基本不变的情况下，公司如今的生产能力提升了两至三倍，“车间里近几年还出现了活不够干的情况”。

随着管理部门和职能部门职责梳理的明确以及各类管理制度、人才激励机制政策的落实，南京晨光汇聚形成人才强企的强大合力，整个企业的干事创业激情得以释放，人员精神面貌也焕然一新。

制造变为智造　能力形成产业

2018年8月，一套智能喷涂生产线在南京晨光工程机械制造分公司投入使用。“以前 7 名工人 3 天生产一件产品，现在 2 名工人用 1 天就能生产一件，不仅效率提升了，质量也提高了，还解决了职业健康危害问题。”该分公司负责人张载说。

在南京晨光的另一个厂区，国防科工局批复的国防科技工业领域首家智能车间示范项目——装配智能车间项目已经在进行最后的调试工作。在金陵智造研究院常务副总经理杨伟锋看来，装配智能车间项目可适应制造行业多品种变批量的生产节奏，使得产品研发周期大幅缩短、迭代速度大幅减小，降低了对人员和场地的依赖程度，减小了人员劳动负荷和对环境的影响，代表了能力升级改造的前沿和方向。

在南京晨光的“十三五”规划中，一共设计了 7 条智能制造生产线，所有的车间也将实施数字化改造。今后，一个产品的研发、设计、试验、生产进展到哪一步、遇到什么问题、产生了哪些数据，通过数字化设备可随时查看，组装、检验、集成、批产等环节也依靠少量人力和智能化的设备进行。生产的智能化、现代化程度将远远超乎人们的想象。

从开风气之先的金陵机器制造局，到今天的金陵智造研究院，南京晨光始终走在制造技术和理念的前列。金陵智造研究院的成立

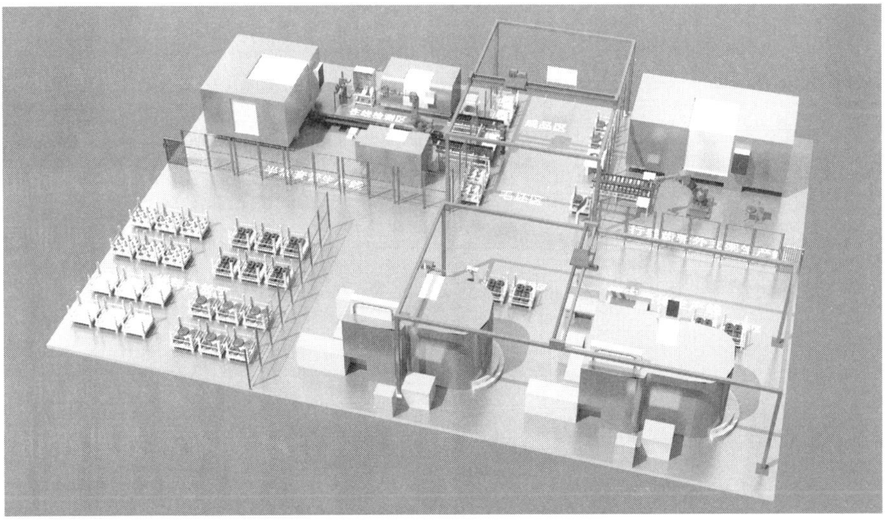

和运行正是为了落实中国航天科工集团有限公司“五个新一代”“四项基础技术”“三创新”“三突破”“四个化”等重大战略，促进企业智能制造整体水平提高，服务地方经济建设。

目前，金陵智造研究院正全力建设技术协同创新、创新创业发展、产业孵化培育、智能工厂建设和人才集聚培养五大平台，培育智能制造综合解决方案、智能制造系统集成、智能制造关键零部件三大产业，形成具有创新创业活力的智能制造产业孵化器。

明城墙外，秦淮河畔，晨光 1865 文化创意产业园经过 11 年建设已成为国内外知名的融文化、商务、旅游休闲为一体的创意研发聚集区和品质生活新地标。如今，在文化创意产业园南侧，晨光 1865 科技创新产业园的蓝图已经勾勒出炉。

按照规划，以金陵智造研究院等新型研发机构为纽带，科技创新产业园将源源不断地吸引企业前来“安营扎寨”，形成产业集聚效应，共同打造“金陵智造创新带”。

在胡建军看来，南京晨光作为民族工业的发源地之一，变革一直是其生存发展的主线。当前该公司已经抢占了由传统制造向智能制造转型的先机，未来依然要继续发力，通过持续改革创新推动公司在新时代走上高质量发展之路。

他告诉记者：“党委已经明确了公司高质量发展的路径，改革要围绕发展方式由产品牵引为主向技术引领为主转变，发展模式由生产制造为重点向产业协同为重点转变，发展思想由因循守旧向创新发展转变，经营理念由粗放式经营向集约式经营转变，管理方法由粗放管理向精益管理转变，作风纪律由宽松软向严紧硬转变进行，实现公司技术和产品领先、质量和效益领先、能力和效率领先。”

“未来几年，公司将进一步落实中国航天科工集团有限公司一系列战略部署，全面提升公司产品研制能力，同时发挥公司综合优势，打造智造与服务相结合、线上与线下相结合、创新与创业相结合的新业态。在高质量发展的历史新征程上，我们一定不畏艰难，以对党的事业、航天事业、公司历史和职工群众高度负责的精神，将改革创新进行到底，把晨光建设得更加美好。”谈及后续发展，胡建军语气中透出坚毅和自信。

航天智慧，让生活更美好

李　伟

随着“创新、协调、绿色、开放、共享”发展理念的不断深入，从苏州吴中太湖新城、武汉临空新城到赣州蓉江新区，从“单枪匹马”、互帮互助到通力合作，航天科工智慧产业发展有限公司（简称智慧产业公司）充分利用网络强国战略、国家大数据战略、“互联网＋”行动计划以及“数字中国”建设的大背景，在改革开放迎来40周年之际，以创新发展为核心书写着属于自己的改革故事。

早在2011年，中国航天科工集团公司就已着力布局智慧产业，力求为国家社会现代化治理贡献航天力量。2014年，智慧产业公司正式成立，成为中国航天科工集团公司在智慧城市领域的重要抓手、二院智慧产业领域的抓总平台。智慧产业公司发挥二院总体作用，牵引全院智慧产业体系化、结构化发展，并与中国航天科工集团公司智慧产业总体部相互支持、相互促进，为其提供技术、产品支撑，提供应用场景落地，齐心协力将中国航天科工集团公司智慧产业做大、做强、做优。

经过4年时间的探索和实践，智慧产业公司不仅整合多方资源，提升总体能力与专业技术能力，研发出一系列自主产品，建立了专业的技术、管理、市场团队；更重要的是，它勾勒出一张清晰的发展蓝图，明确了“做强总部、做实区域、做精专业”的发展思路。如今，当新一代物联网、互联网、云计算、大数据、人工智能等先进信息技术与城市管理技术深度融合时，城市发展迎来了新的机遇。

做强总部　增强智慧核心力

智慧城市建设是一个复杂的巨系统，随着智慧城市统筹建设、管理水平的不断提高，企业需要系统性、前瞻性、科学性的布局，建立清晰、有序、规范的体系。虽然智慧城市建设市场很广很大，但对企业来说重要的是找准自身优势与目标，有的放矢。经过细致的探索与规划，智慧产业公司将主营业务板块明确定位为“1＋4＋1”，包括围绕智慧城市、智慧园区开展的1个总体业务，围绕环境监测、智慧交通、智慧安监、社会管理展开的4个重点行业业务，以及围绕大数据、人工智能、物联网技术等建设的1个共性基础平台。

在明确清晰的顶层设计下，智慧产业公司硕果累累，一组数据是其强劲爆发力的见证。

4年来，智慧产业公司基于核心技术，初步打造了一批具有市场竞争力的产品，共申报30余项智慧城市专利，涉及智慧城市总体技术、大数据技术、安全与运维技术、数据分析与处理技术、行业应用技术5大类技术，新增80余项具有自主知识产权的货架产品，具有较为完备的行业资质；先后承担了科技部、中国工程院、北京市等多项课题，参与编制3个国家智慧城市标准，连续举办5届国家智慧城市最高层次学术论坛——中国智慧城市院士论坛，提高了

航天智慧的品牌知名度与行业影响力。

智慧产业公司作为中国航天科工集团公司与金融街在智慧产业领域将联手打造的“百亿级旗舰企业”，是中国航天科工集团公司智慧城市的牵头单位、二院智慧产业的总体平台、二院民用产业的主平台、二院民用产业营销网络拓展的主渠道，智慧产业公司有坚定的信心发挥好牵引作用，充分利用与协调航天系统内部资源，形成合力，为中国航天科工集团公司培育主体多元的智慧产业集群贡献力量。

做实区域　敞开“怀抱”求共赢

智慧城市的复杂性和系统性决定了“单枪匹马”的建设模式在智慧城市领域行不通，只有各个环节的企业在发挥自身优势的基础上，共同合作、通力配合，才能真正将智慧城市建设落地。

4年来，智慧产业公司积极动员社会力量、吸纳社会资源，先后与地方政府合资设立苏州航天系统工程有限公司、宁波航天智慧产业发展有限公司，完善了智慧产业公司区域市场布局。为了深耕区域智慧城市业务，智慧产业公司积极调整架构，建立了6个大区的全国性市场营销网络，积极推进商业模式创新与营销体系建设结合。2017年，智慧产业公司再度发挥资本优势，完成了浙江广信智能建筑研究院有限公司收并购，敲开了浙江、重庆等区域市场的大门。

4年来，智慧产业公司积极推动产业生态圈建设，先后与北京等36个地方政府和部门建立战略合作，2016年实现与各级战略合作伙伴新签合同额13.72亿元；与华为等公司签订战略合作协议，积极推进与阿里的战略合作，并且成为中国智慧城市产业联盟副理事长单位。

智慧产业公司党委书记、董事长周翔从战略角度表示，公司的发展不单纯追求自身在智慧产业领域业务规模的扩大，更看重整个智慧城市生态圈能力发展和良性成长。

随着国家“一带一路”倡议的不断推进，智慧产业公司还将建设多渠道平台，完善智慧产业国际布局；同时还要围绕核心技术，以欧洲、亚洲为核心并购区域，通过海外并购形成外延式发展，整合核心技术、市场资源、营销网络等，打造具有国际营销力的智慧产业品牌。

做精专业　打造智慧城市金名片

比顶层设计走得更远、让普通民众真切享受到智慧红利的是智慧产业公司在服务国计民生中实实在在的应用。

走进苏州吴中太湖新城，昔日梅雨降水常常给城市带来内涝隐患，如今航天智慧让城市病迎刃而解，智慧产业公司自主研发的城市内涝预警系统取代了传统的人工观测方式，可在易积水路段实施24小时监测，管理部门足不出户就能一键获取城市积水区域分布图，实时了解城市内涝情况。一旦区域水位超出阈值时，系统会立刻做出预警提示，方便管理部门第一时间响应。

与此同时，人脸识别门禁、智能立体停车场、佩戴电子身份证

的地下管网系统等一系列全新的智慧化生活方式正在悄然走进太湖新城百姓的生活，社区、教育、医疗等多个智慧化的应用建设普惠民生，城市的生活面貌焕然一新。

按照当地“新城市、新产业、新生活”的发展蓝图，智慧吴中太湖新城进行了城市运行中心、市政设施管理系统、一站式企业服务平台、一站式市民服务平台、公共信息化平台以及公共信息化基础等建设，真正地实现了“让信息多跑路，让百姓少跑腿”。

此后，智慧产业公司以苏州吴中太湖新城为模式，先后又接下了武汉临空新城、赣州蓉江新区等一系列智慧园区项目，打响了航天智慧品牌知名度。

智慧城市是未来城市发展的必由之路。无论是作为城市管理主体的政府，还是经济发展主体的企业，或是社会活动个体，都会与新一代信息技术建立越来越密切的关系，数据、信息对人们衣食住行的影响会越来越大。

累累硕果，源自智慧产业公司历经 4 年发展对智慧产业更加深刻的认知。如今，在改革开放新的发展阶段，国家对智慧城市的发展也有了更高的要求。党的十九大明确提出，要加快建设创新型国家，建设网络强国、交通强国、数字中国、智慧社会；打造共建共治共享的社会治理格局，要提高社会治理的社会化、法制化、智能化、专业化水平。发展智慧产业是转变发展方式、优化经济结构、提高发展质量的重要引擎，也对深入推广航天技术应用，促进社会产业发展，更好地服务民生意义深远。智慧产业之路任重道远，这既是国家的使命要求，又是航天企业自身的责任担当。

“公司将‘不忘初心，勇担使命’，把有效、快捷的航天技术应用于数字中国、智慧社会建设，担起顶梁之责，在区域协同、‘一带一路’的整体架构下，谱写‘城市让生活更美好，智慧使中国更美丽’的新篇章，让智慧产业发展再上新台阶。”智慧产业公司总经理王凯让说。

四十年峥嵘岁月　志不悔亮剑苍穹

魏翔飞

航天发展，动力先行。六院固体动力事业的发展，与改革开放的伟大进程紧密相连。20世纪70年代末，固体动力事业经过10年创业的艰难时期，不断发展壮大，具备了一定的发展规模。20世纪80年代初，六院人齐心协力、自力更生，四处找任务，度过了改革开放初期没有任务、人员离散的困难时期。直至20世纪末，六院迎来了新的发展机遇，在改革开放的浪潮中不断做强、做优。

40载峥嵘岁月，六院固体动力事业为我国国防现代化建设和航天科技事业进步作出了不可磨灭的贡献。40载塞外铸剑，六院人用行动诠释了富国强军的庄严承诺，挺直了中华民族的脊梁。

创新驱动　为发展提供强大引擎

回首40年前的往事，六院高级顾问赵殿礼记忆犹新，如数家珍。这位耄耋老人、六院第一代创业者，亲历了六院从无到有、从小到大、从弱到强的奋斗历程。

“没有创新就没有发展，没有创新就没有未来。现在来看，当年的‘五机十题’为后来六院40年的发展打下了基础。可以说，没有这些创新性的研发，就没有六院的今天。”回想起当年的情形，赵老缓缓说道。

“五机十题”，是改革开放初期，六院在支持后建单位、型号任务少之又少、发展前景又不甚明朗的情况下，院领导班子在发展规划中确定要开展的发动机关键性、创新性技术研究任务。尤其是“十题”的研究，充分体现了对发动机未来技术发展的前瞻性与预见性，其研究成果为后来的发动机研究打下了坚实基础，练就了六院的“看家本领”。

随着改革开放向纵深推进，六院的创新能力突飞猛进。近年来，六院固体动力产品多元化趋势明显，新技术、新产品层出不穷。以传统军工产品为主的单一模式不断得到调整，服务范围逐步扩大，服务领域逐渐拓展。

通过激发创新内生动力，六院坚持走独立自主、自力更生的发展路线，从零起步，自主研发，构建了完备的技术创新体系，推动了产品的升级换代，带动了商业模式创新和管理创新的同步提升。六院在重大创新性项目和系统级创新项目申报与实施中体现出了强大竞争力，在推动企业发展和提高职工生活水平的同时，为国防建设作出了重要贡献。

条件保障　为能力提升铺平道路

40 年前，六院的产品研制条件制约了生产能力的快速提升。研

发手段单一，生产资源不集中，设备少、小、分散，试验设施相对匮乏。用打孔纸带计算数据，一次数据计算要1～2天，有时计算期间出现错误还要从头开始，效率低，人工成本高。工厂的机加工具、设备有限，重点部件机加所用的刀具、量具都要工人师傅自己制作和测试。生产装药能力有限且安全性不高，测试台体很少。

随着改革开放进程的加快，六院在国家部委、集团公司和地方政府的支持与帮助下，一大批高、新、精、尖的研制、生产、试验设施和现代化厂房设备逐步落实到位，强力推进六院固体动力系统核心能力建设和区域统筹建设，将六院打造成了门类齐全、配套完整、综合实力雄厚的研制生产基地。

40年来，六院逐步打造仿真驱动的固体动力系统先进研发模式，为基于虚拟样机的仿真验证研发提供可行的验证条件，整体化设计水平和数字化能力显著提高。

汇聚英才　为企业插上腾飞的翅膀

六院固体动力事业的发展壮大是几代六院人独立自主、自力更

生、艰苦奋斗的结果，是几代六院人智慧的结晶。成绩来之不易，一代代六院人前赴后继，坚守塞外高原，守得住清贫，耐得住寂寞，挡得住诱惑，经得起考验，在艰难困苦中坚守，打下了六院快速发展的基础，淬炼了一支高水平的人才队伍，为固体动力事业发展留下了命脉。

20 世纪 70 年代末、80 年代初，六院响应国家号召，输送大批技术、管理人员援助建设单位，人才队伍建设面临严峻挑战。当时为保障国家任务的顺利完成，也为后续企业发展考虑，四五十岁有经验的老同志，带着年轻人干，给年轻人压担子，让他们在型号和预研课题中锻炼成长。他们中的很多人经过近 10 年的锻炼，成了六院发展的栋梁之才。他们中有全国劳动模范、全国三八红旗手、全国技术能手、大国工匠等。

40 年里，六院人才队伍不断壮大，逐渐形成了以高端人才为主，管理、技术、技能人才合理搭配的人才结构体系。尤其是近几年，为适应固体动力系统技术快速发展的形势，六院加大了高学历人才的引进力度，带动了一批重大项目的立项与转化，在基础研究中显现出了越来越重要的作用。

当前，六院为人才成长搭建了各类平台，人才成长通道畅通，数百个老中青结合的科研团队奋战在一线，成为激活六院创新发展的“金钥匙”。

着眼未来，六院将牢记“科技强军、航天报国”的神圣使命，坚持走既独立自主、自力更生又开放交流、合作共赢的发展之路，将核心技术牢牢掌握在手中，打造国之重器，为建设科技强国、质量强国、航天强国作出新的更大的贡献。

从航天晨光艺术制像发展看中国改革开放40年

沈　昌

香港天坛大佛、永远盛开的紫荆花、盛世莲花、奥运火炬、自治区成立周年纪念贺匾，都是中国改革开放历程上的见证，一项项工程串联起航天晨光股份有限公司（简称航天晨光）在艺术制像产业辉煌的40年，也成为观察中国改革开放40年“最美”的窗口。

一、从艺术制像产品看改革开放40年伟大成就

（一）社会主义市场经济的到来

1978年，《光明日报》一篇《实践是检验真理的唯一标准》成为撬动改革开放的有力杠杆，随后召开的十一届三中全会凝聚了人民思想，擘画了改革蓝图，成为中国历史上的伟大里程碑。平等、竞争、开放的市场经济开始出现在社会主义的道路中。

20世纪80年代初，香港宝莲禅寺诸法师为祈求和平、期盼回归发愿敬制一尊天坛大佛。此时的香港仍然处在英国殖民统治下，该项目采用顺应市场经济的招标方式确定承制单位。香港天坛大佛筹建委员会向国内20多家单位寄发招标书，经过几回激烈的竞争，航天部最终中标并将这项政治任务交给了南京晨光机器厂，南京晨光机器厂迎难而上，圆满完成任务。香港天坛大佛于1990年获得了国家质量金奖，并入选“香港十大杰出工程项目”。

天坛大佛项目是航天晨光艺术制像从计划经济到市场经济的成功探索，是镌刻在改革开放40年奋斗征程中的“改革印记”。

（二）“一国两制”的实施

20 世纪 90 年代初，改革开放的潮流席卷祖国大地，邓小平同志提出“一国两制”政策，经历百年沧桑的香港在 1997 年回归祖国，标志着我国在完成统一大业的道路上迈出了重要一步。

1997 年 3 月，南京晨光集团有限责任公司接到国务院机关事务管理局一项重要的政治任务，铸造中央政府赠送香港特别行政区的紫荆花礼品，南京晨光集团有限责任公司利用航天技术完成光荣的使命。此后 1999 年，澳门回归的盛世莲花礼品同样出自航天晨光。

永远盛开的紫荆花、盛世莲花是祖国统一道路的见证，也是改革开放高速发展时期的产物。

（三）世界经济的接轨

进入 21 世纪后，改革开放式经济进入最快速发展时期，我国综合国力大幅提升，并且逐渐获得稳定有利的国际经贸环境。

2001 年 7 月，萨马兰奇在莫斯科宣布北京获得 2008 年奥运会

举办权。

2001年12月，中国正式加入世界贸易组织（WTO），实现与多边经贸体制的接轨。

2006年12月，航天晨光研制的奥运手持火炬样件通过北京奥组委验收。

如今，中国坚持对外开放基本国策，打开国门搞建设，成功实现从封闭半封闭到全方位开放的伟大转变。中国在对外开放过程中展现出大国担当，从引进来到走出去，从加入世界贸易组织到共建“一带一路”，为应对亚洲金融危机和国际金融危机作出重大贡献，连续多年对世界经济增长贡献率超过30%。

奥运火炬见证了中国走向世界的关键一步。

（四）改革开放是全面发展

习近平总书记在不同场合不止一次提到过，改革开放不仅仅是在珠三角、长三角发展，更是在全国范围内全面发展。

2015年，西藏自治区成立50周年。西藏自治区率先建起15年免费教育体系，人均寿命从35.5岁延长到68.2岁，人口数量从114万增长到317万。青藏铁路的修建进一步加强了西藏与内地的时空联系。

2015年，新疆维吾尔自治区成立60周年。2500亿余元民生工程建设总投入，500余项重点民生建设工程，每年民生支出占年公共财政预算支出70%以上，一张张成绩单让人振奋，国家“一带一路”倡议更是让新疆人民“民心指数”不断提升。

2017年，内蒙古自治区成立70周年。2017年内蒙古生产总值超2万亿元，是70年前的600多倍，总量和人均值分别跃居全国第16位和第6位。特别是2002—2006年，内蒙古GDP增速连续8年摘得全国桂冠，这就是著名的“内蒙古现象”。

见证这一系列成绩的便是国家机关指定航天晨光制作的“庆祝西藏自治区成立50周年”贺匾、“庆祝新疆维吾尔自治区成立60周年”贺匾、“庆祝内蒙古自治区成立70周年”贺匾等国家礼品。

二、从艺术制像产业看改革开放40年发展实践

（一）由艺术制像向艺术工程发展

在香港天坛大佛之后，无锡灵山大佛、海南三面观音、集声光电为一体的动态铜雕九龙灌浴等一系列青铜艺术制像产品均出自航天晨光艺术制像之手。踏准市场经济发展的节拍，航天晨光成为国内最大的艺术制像生产基地，产品遍布全国以及东南亚。

66米高珠海长隆鲸鲨、49米高印度平等雕塑、33米高北京昌平360全球幕、74.2米高山东兖州兴隆文化园等产品，标志着航天晨光开始了由青铜艺术制像产品的制作向艺术工程领域的转型升级。

改革开放40年，中国成功实现从工业化初期到工业化后期的历史性跨越，产业结构也由工业主导向服务主导转型，服务型经济比重提升使新技术、新产业、新模式开始涌现，艺术制像产品＋服

务，便是艺术工程产业的雏形。

（二）由艺术制像向艺术智像发展

在新的改革开放大背景下，“中国制造2025”战略落地生根，智能制造成为加快中国制造业转型升级的主攻方向。

三维数字化设计技术、三维成型技术、曲面重构技术、数值风洞模拟技术、3D打印技术、模型数控加工技术、壁板数控成型技术等一系列先进技术的引进；高端激光扫描仪、数控等离子切割机、3D打印机、CNC模型加工中心等一系列高端设备的投入；航天晨光艺术制像逐步实现产品高度自动化、高精度、高效率数字化发展等，填补了国内艺术品数字化制造的空白，形成了中国的艺术制像智能制造体系。

2016年12月，在首届世界智能制造大会中，航天晨光艺术制像领域展示了三维扫描、数值风洞模拟等数字化设计技术，智能铸造、增材制造等智能制造技术和牛首山无忧树、铜钟等智能制造产品，得到了业界专家和参展企业的高度关注，并助力中国航天科工集团公司荣获大会“最聚人气参展商”。

（三）由艺术制像向文化产业发展

2012年，党的十八大提出了“扎实推进社会主义文化强国建设”战略目标。2017年，习近平同志在党的十九大报告中提出要坚定文化自信，推动社会主义文化繁荣兴盛。改革开放40年之际，文化改革进入深水区。

航天晨光艺术制像如何从制造业、铸造业升级为集建筑业、艺术工程建造和智能制造的文化产业集团，中国航天科工集团公司党组书记、董事长高红卫指明了方向。

2017年，高红卫调研航天晨光艺术制像产业时指出，通过推进数字化设计与智能制造的科技创新、艺术工程总承包的商业模式创新、集团化发展的管理创新，促进“文化＋智能制造、文化＋工程”战略的落地与实施，加速文化产业发展的转型升级。

在改革开放新时代背景下，文化产业必将成为未来经济发展新的增长点。航天晨光艺术制像还需进一步落实国家“创新驱动发展战略”，紧紧抓住国家城市建设、旅游业发展，尤其是文化产业发展的机遇，按照“中国制造2025”的要求，大力加强数字化设计及制造体系建设，实现产业转型与发展模式转变，并积极探索国家倡导的鼓励设计企业牵头进行工程总承包的PPP建筑承包模式，促进艺术制像向以艺术策划、规划、设计为牵引的总承包方向发展。

航天晨光艺术制像产业从弱到强、从简到繁的发展，始终触摸着中国改革开放的脉搏，40年来，航天晨光的艺术制像产业走出了一条不平凡的道路，彰显了艺术制像产业开拓创新的冲击力和中国改革开放40年砥砺奋进的引领力。从艺术制像到艺术工程，再到艺术智像和文化产业，航天晨光的艺术制像连通的是中国改革开放的昨天、今天和明天。

壮阔东方潮　奋进新时代

——航天云网勇做中国工业互联网领航者

贾然然

40年光辉岁月，40年砥砺前行。改革开放的40年，是中国奋发前进的40年，是中国开拓创新的40年，更是中国创造辉煌的40年。中国号巨轮扬帆起航、劈波斩浪，无数的中国故事和中国奇迹纷纷上演。航天云网作为中国工业互联网领航者，也早已勇立潮头，开足马力，驶入了辽阔的新天地。

为时代而生

当前我们所处的时代是协同共享、融通发展的时代，新一代信息技术与制造业深度融合，正在引发影响深远的产业变革，形成了新的生产方式、产业形态、商业模式和经济增长点。党的十九大强调加快建设制造强国，加快发展先进制造业，推动互联网、大数据、人工智能和实体经济深度融合；国务院相继发布"大众创业、万众创新"及"互联网＋"行动计划等国家重大战略。一个工业互联网领域强大的领航者，将带领中国企业走向新的时代。

在当前全球制造业转型升级的关键时刻，作为国家制造类企业的典型代表，中国航天科工集团有限公司积极响应时代的呼唤，以互联网、云计算、大数据技术的应用为基础，倾力打造了国家首个工业互联网公共服务平台——航天云网。

航天云网采用INDICS＋CMSS（工业互联网空间Industrial Internet Cloud Space＋云制造支持系统Cloud Manufacturing Support

System）搭配，目标是构建和涵养以工业互联网为基础的云制造产业集群生态，兼容智能制造、协同制造和云制造三种现代制造形态，运用大数据和人工智能技术以及第三方商业与金融资源，服务于制造业技术创新、商业模式创新和管理创新。这既是航天云网主动适应经济发展新常态，主动落实《工业互联网发展行动计划（2018—2020 年）》和对接国家“互联网＋”行动计划的坚定决心，也是促进传统制造业转型升级，助推“大众创业、万众创新”的积极行动。

依托中国航天科工集团有限公司雄厚的技术背景和完整的产业体系，航天云网将信息技术和制造业相结合，探索出了一条中国特色工业互联网的发展之路。

为潮头而立

航天云网以勇立潮头的勇气和决心，坚持在工业互联网建设“无人地带”中逢山开路、遇水架桥，为中国工业互联网的发展做

出了积极有益的探索与实践。

自成立以来，航天云网始终坚持“信息互通、资源共享、能力协同、开放合作、互利共赢”的发展理念，面向航天科工军工领域建设运营协同制造专有云和智慧企业平台，支撑航天科工战略转型；面向社会化建设航天云网，面向区域经济建设运营工业云，面向国际化建设运营国际云，形成了支撑产业发展的工业互联网平台体系，现已完成“7 个区域 9 个城市”云制造产业集群生态布局，平台已具备在设备管理、研发设计、运营管理、生产执行、产品全生命周期管理、供应链协同、社会化协同制造和创新创业等方面的应用服务能力，成功经验已被航空航天装备、高端数控机床和机器人、交通运输、电子电器等行业借鉴。

航天云网牵头编制的《智能制造服务平台制造资源/能力接入集成要求》标准提案，获得高票通过，成为全球首个面向智能制造服务平台的国际标准；荣获“2017 年中国创新云服务平台”；基于

INDICS的开放式云制造“双创”平台项目被认定为工信部制造业“双创”平台试点示范项目；基于INDICS开放架构平台的“一带一路”空间信息走廊正式上线；“INDICS＋CMSS云制造支持系统”斩获2018年工博会金奖；获批为国家“互联网＋”重大项目、国家级双创示范基地、首批智能制造示范、中德合作智能制造示范、工业转型升级等国家级重大项目及工业大数据国家工程实验室；荣获中国两化融合突出贡献评选之人气平台奖、工业互联网最佳实践奖、中国创新云服务平台等多项行业荣誉；被列入国企改革“双百行动”综合试点；获评《人民日报》改革开放40年·40个“第一”。

从这份令人欣慰的成绩单来看，四年来，航天云网平台功能和应用场景逐步完善，企业经营规模和经济效益快速攀升，初步验证了自上而下逐步深化工业互联网发展路径的现实合理性，确立了中国工业互联网的领航者地位。

为中国而强

习近平总书记在中央政治局集体学习时提出，实施国家大数据战略、加快建设数字中国，要深入实施工业互联网创新发展战略，系统推进工业互联网基础设施和数据资源管理体系建设，发挥数据的基础资源作用和创新引擎作用。

航天云网始终以国家战略为奋进方向，始终秉承“推动中国制造业转型升级”的初心，肩负着我国工业互联网领航者的荣耀、使命和重任，仰望星空、脚踏实地，加快探索创新实践，致力于构建和涵养以工业互联网为基础的云制造产业集群生态，为加快发展先进制造业提供新动能，为工业互联网事业持续贡献新技术、新标准、新业态、新模式，开辟了一条中国特色工业互联网的发展之路，创造出了令社会惊叹的“科工速度”，彰显了航天云网人勇立潮头、敢为人先、奋发图强、锐意进取的创新创业状态与精神风貌。

当前，中国工业互联网方兴未艾，未来，航天云网将继续紧盯国家战略，依托中国航天科工集团有限公司在技术、创新、资源、管理等方面的优势，推动社会资源配置优化集成，带动大、中、小、微企业共同进步，引领产业发展，鼎力支撑国家工业互联网产业发展；将继续秉承“信息互通、资源共享、能力协同、开放合作、互利共赢”的理念，不断增强道路自信、理论自信、制度自信、文化自信，抓住历史机遇，推动中国特色工业互联网向更高层次、更广范围发展。

山不辞土，故能成其高；
海不辞水，故能成其深。
大云有梦，大浪有声。
航天云网将迎着改革开放的朝阳，
在工业互联网的大潮中，
扬帆远航。
航天云网将用实力和梦想，
见证中国速度，
创造中国奇迹！

承担历史重任　铸就航天辉煌

——梅岭电源改革开放 40 周年纪实

易　丹

“我们要以庆祝改革开放 40 周年为契机，逢山开路，遇水架桥，将改革进行到底。”习近平总书记在 2018 年新年贺词中的话语铿锵有力，再一次向世界展示了中国改革开放的决心和信心。

1978 年 5 月，一篇名为《实践是检验真理的唯一标准》的特约评论员文章，在《光明日报》一版刊发。它掀起了席卷中国的真理标准大讨论，成为那支撬动改革开放的哲学杠杆。以十一届三中全会为标志，中国开启了改革开放历史征程。改革开放 40 年来，中国通过实施一大批重大科技项目，实现了科技实力从“赶上时代”到“引领时代”的伟大跨越。如果把我国科技事业比作一条奔腾的巨龙，那么航天事业无疑就是龙头。中国航天事业这个龙头始终高高昂起，将中国科技事业不断抬升到新高度。飞天圆梦，九霄揽月，这一个个历史瞬间的背后，都有着航天电源的动力心脏——贵州梅岭电源有限公司（简称梅岭电源）的完美护航。

53 年前，始建于 1965 年的梅岭化工厂，是第一代梅岭人承载着国家国防建设的历史重任，响应国家“建设三线”的号召，来到中国革命的转折之城——遵义，以自力更生、艰苦创业的奋斗精神，创建了为中国航天电源事业作出巨大贡献的梅岭化工厂。工厂以振兴航天事业为己任，走过了半个多世纪的辉煌历程，现已发展成为一个集研究、设计、试制与批生产为一体的国有大型企业。

艰苦奋斗实现跨越式发展

建厂初期，梅岭人怀着一股执着的创业激情，克服建厂过程中“左”的影响，分批分期扩建厂房、填平补齐。到1994年年底，企业资产总值由原来的1 000余万元增加到9 500余万元，固定资产由建厂初期的300万元增加到3 500余万元，是建厂初期的11倍。在生产能力方面，已建成比较完整的锌银蓄电池、热电池二条军品生产线，苏州和贵州两条民品生产线。到建厂30年时，年年完成和超额完成国家计划，累计完成工业总产值2.02亿元，实现利润2 200余万元。

为适应发展的需要，梅岭化工厂积极响应国家和上级单位战略部署要求，扎实推动国企改革不断向纵深发展，2013年，梅岭化工厂更名为贵州梅岭电源有限公司。

如今，贵州梅岭电源有限公司已具有较强的电池研制生产能力，在董公寺梅岭新区，建有功能比较齐全、配套设施比较完善的锌银电池制造部、热电池制造部、热电池柔性试制线、锂电池柔性

试制线。2017 年年底，公司营业收入突破 5 亿元大关，创历史新高。民用产业在“无产品、无生产资质、无生产线”的情况下，通过商业模式创新，实现航天品牌与民用电源的深度融合，2017 年完成 1.07 亿元的民用产业收入。

技术领先为屡次航天发射保驾护航

从 20 世纪 60 年代开始，梅岭人无数次为我国卫星、火箭、飞船等各类航天发射任务保驾护航，创造了一个个令人骄傲的第一：我国第一艘载人飞船用电源，第一枚航天员太空漫步航天服用电源，不论是嫦娥奔月，还是神舟飞天，每一次卫星上天，每一次火箭升空，中国航天每一次振奋人心的成功，都凝聚了梅岭人的智慧和心血，都闪耀着梅岭电源与中国航天同步发展的光辉。

2008 年 9 月 25 日，神舟七号载人飞船在酒泉卫星发射中心发射升空。航天员翟志刚穿着我国研制的“飞天”舱外航天服成功出舱，实现中国历史上第一次太空行走。而翟志刚所穿的舱外航天服中那台保证航天员完成出舱行走和各种动作、维系航天员生命的电池，也是梅岭电源研制生产的。当时，国内还没有生产这种电池的技术和经验，而航天的核心技术就是花巨资也采购不到。梅岭电源在没有任何可借鉴资料的条件下，成功研制出我国第一台航天服专用电池，且电池性能比俄罗斯同类产品高出 10%以上，属世界领先，填补了国内空白。

梅岭电源于 20 世纪 70 年代几乎与国外同步开展先进的锂硅-二硫化铁体系热电池研究。20 世纪 90 年代初，取得关键技术突破，率先研制成功锂（硅）合金/二硫化铁新体系热电池技术。2010—2016 年，突破了锂硼-硫化物体系的关键技术，成功实现产品更新换代，热电池能量密度提升 100%，并牵引材料厂家完成工程化批产，为赢得更多的配套市场奠定了较好的基础。

科技创新助力特种化学电源行业“领头羊”

2015 年 9 月，以贵州梅岭电源有限公司为依托的特种化学电源国家重点实验室经国家科技部批准组建，在梅岭电源的发展道路上具有里程碑意义。该实验室立足国家战略需求和国际学科前沿，围绕特种化学电源领域重大科学问题和关键共性技术，开展基础研究、技术创新、集成与应用，提升我国特种化学电源在极端应用条件下的性能和水平，保障国家重大工程的顺利实施。

自获批建设以来，该实验室新立项科研项目 15 项，申请专利 78 件，获得专利授权 29 件，其中授权发明专利 7 件；公开发表论文 92 篇，发表核心期刊论文 8 篇，参加了 5 项国家军用标准和 6 项行业标准的编制工作，获得了国防科学技术进步奖三等奖、贵州省科学技术进步奖三等奖各 1 项。

融合发展推进新能源产业发展

党的十九大把民用产业战略发展作为坚定实施的七大战略之

一，是从国家发展和安全全局出发做出的重大决策。梅岭电源积极贯彻落实民用产业战略，充分发挥电源行业技术优势，开展新能源相关技术研究。当前，启动了“关键基础件产业化基建建设项目”论证程序，开展了新能源汽车动力电池系统（新能源动力电池）研究，开发了高尔夫球用动力电池系统，并进行了跑车试验。2018 年 2 月 2 日，在贵州省新能源电池产业联盟成立大会上，梅岭电源被推选为理事长单位，为新能源产业发展打下了坚实的基础。后续加快贵州省新能源电池智能制造创新中心和电池检测中心的建设，搭建技术交流和服务平台。为加快民用产业发展，梅岭电源正积极开展资本运营工作，期望通过资本运营的方式拓展民用产业。

改革开放是当代中国发展进步的必由之路，是实现“中国梦”的必由之路，梅岭电源的发展史，恰到好处地诠释了这一理念。梅岭电源从无到有，从昔日的茅草房、荒草地到今天宽敞明亮的现代化综合办公大楼，特别是“十三五”以来，梅岭电源的领导带领广大职工奋力拼搏、锐意进取，实现了经济效益持续增长、技术创新成绩显著、基础管理持续深化、管理水平不断提升。一个有社会担当、履行社会责任的企业，必将会在改革开放的道路上越挫越勇。新形势下，梅岭电源将乘势而上，凝聚力量，将改革进行到底，向建成国内领先、国际知名的化学电源高新技术企业的宏伟目标昂首挺进。

时代长河的击浪者

——航天建设陕西航建改革发展纪实

金　丽

时光如水，日月如梭，转眼间改革开放已 40 周年。40 年来，伟大祖国扬帆起航，中华大地沧桑巨变。陕西航天建筑工程有限公司（简称陕西航建）作为航天战线的施工企业，也取得了令人瞩目的成绩。

1984 年 8 月 1 日，正是改革开放阔步迈进之时，一支中国人民解放军部队来到古城西安，奉命就地集体转业，改编为中国航天工业系统所属建筑施工企业，这就是今天的中国航天科工集团有限公司七院陕西航天建筑工程有限公司。他们原为中国人民解放军基建工程兵部队的一个施工团，有着丰富的国防施工经验，筑公路、架桥梁、打坑道、建厂房，为国防建设作出了卓越贡献。他们以突击力强、善于攻坚、连续作战、敢打硬仗、顽强拼搏而著称，成为一支新生的航天建筑施工力量。

从军队到地方的嬗变

20 世纪 80 年代初，为适应党和国家以经济建设为中心的大局，中央军委决定撤销基建工程兵，保留生产力，部队改编为陕西航天建筑工程有限公司，从此告别了军营，脱下了军装。刚刚转入地方的陕西航建，一切都显得不适应，由军队供给制到企业自负盈亏，这是一个巨大的反差，怎样生存，怎样发展，是摆在他们面前的一道难题。但是有着良好军人素质和作风的陕西航建人，善于学习，不耻下问，积极向当地老大哥施工单位学习、请教，学习他们的管理经验，学习他们的施工方法，学习他们的经营之道，总之，一切能为我所用的东西都虚心学习。不久，陕西航建人就学会了生存，并不断进步和发展。过去操枪弄炮、搬砖弄瓦的人，如今进入了建筑大市场。

进入20世纪80年代，市场经济刚刚起步，市场竞争日益激烈，面对新的形势，陕西航建人没有迷茫，他们处在前有陕西省建、西安市建，后有江浙民营建筑企业的夹缝之中，要想闯出一条新路来，形成自己的独特优势和特色，唯一的出路就是改革。他们将自己的优势和别人的长处结合起来、艰苦创业、开拓市场、一路风

雨、一路拼搏、一路奋斗、一路凯歌，以扎实苦干和科学精神，建设了许多优质工程，以施工速度快、质量好，赢得了良好的信誉，被誉为西安建筑市场的铁军。从此，一面“航天建设”的大旗在这里高高升起，并展现出别样风采。

不畏艰苦，服务“三线”。怀着对祖国国防事业的一片赤诚之心，一群满怀激情的年轻人，一批风华正茂的航天人，远离故土，扎根“三线”，担负着艰巨的国防施工任务，常年生活在深山老林，以青山为伴，以顽石为伍。亲历过“三线”建设的老同志深情回忆那段难忘岁月时说：在那自修的便道上，在那崇山峻岭中，在艰苦条件下战斗的场景时常在脑海中浮现，一个个生龙活虎的年轻人，披星戴月，不分昼夜，挥汗施工，勇敢面对死神，苦中求乐的情景不时在脑海中闪现，至今还历历在目……在航天精神的鼓舞下，陕西航建人以祖国利益为最高利益，把爱国热情化为勇攀高峰、为国争光的实际行动，向人民交出了一份份满意的答卷。

率先施行“项目法”施工。1992 年，陕西航建拉开了改革发展的大幕，他们在西安地区率先施行了项目法施工管理，打破了原有的管理体制，以工程项目为主题，实行承包模式，实行人员聘任制，选贤任能，打破论资排辈，极大地调动了干部职工的积极性。管理上实行五大内部市场，加上强有力的思想政治工作，使企业走上了健康发展之路，产值连年攀升，经济效益不断增长，成为西安地区颇有声望的建筑施工群体，三秦大地的施工劲旅。

争当文明施工的“排头兵”。1997 年年初，公司认为搞文明工地建设是陕西航建抢占建筑市场、再上一个新台阶的绝好契机，立即分批组织项目经理及有关人员到上海参观学习，并根据各工程的实际情况选择北郊建行工地作为推行“文明工地”试点，成立了领导小组。领导小组全体成员现场办公，吃在工地，干在工地，事无巨细地抓，用了近 3 个月的时间，在西安市树起第一个文明工地标准性工程、文明施工的形象，西安市质检站给予高度的关注和认可。随即西安电视台等多家媒体进行了报道，媒体的宣传很快引起市建委领导的重视，市建委领导及相关人员亲临工地检查指导后，确定在该工地召开西安市所有施工单位、建设单位、监理监管单位等相关人员参加的西安市文明工地现场会，当时市人大、市政协、市建委的领导都参加了会议，市建委主任在大会上宣布“陕西航建是西安市文明施工的排头兵”。这是西安市历史上第一次文明工地现场会，从此陕西航建“文明工地”的开展，使西安市建筑企业开遍了“文明工地”之花。

改革创新是发展的不竭动力

进入新世纪，市场形势更加严峻，而陕西航建人却以自己军转企业的独特优势，大显身手，不断承接新的工程任务。随着西部大开发的不断推进，西安成了一片投资的热土，建设事业风起云涌，陕西航建人紧紧抓住这一机遇，勇于争先，迎接挑战，不断加强队伍建设，在紧紧抓住西安市场的同时，坚持“走出去”战略，扩大领域，拓展市场；先后在宝鸡、咸阳、渭南、商洛、汉中、铜川、延安、榆林等地承接任务；接着又将触角伸向云南、内蒙古、甘肃、湖北、海南、山东、山西、江苏、宁夏、四川等省区，在省外也占有一席之地，使其市场份额不断扩大。有了市场的支撑，陕西航建人逐步探索现代企业管理之道，不断改革、创新，取得了一个又一个成绩。当时在西安的大街小巷，凡有建筑工地的地方，不时可以看见“航天建设”的标牌，“航天建设”已成为陕西建筑行业的一块“金字招牌”。

部队传统与现代企业管理相结合。陕西航建的发展之本、发展之源，是继承和发扬部队的优良传统和作风的结果。他们聚精会神搞经济，一心一意谋发展，他们继承和发扬了部队的优良传统，在建筑业激烈的市场竞争中，坚持以管理为核心，以统一、创新、务实为重点，不断扩大规模，打造品牌，一步一个脚印地创造出了自己的新天地。陕西航建各项经济指标一年好过一年，奖牌不断增多，喜事连连。其职工福利逐年提高，公司知名度、信誉度越来越被更多的人认可，陕西航建子女就业、工资标准、住房条件均好于同行，特别是广大干部职工队伍的政治素质、技术管理技能经过十余年的发展，都有了突飞猛进的变化，这些是光荣也是希望！

航天精神与现代企业管理相融合。21世纪之初，陕西航建承建了一项航天科研服务工程。他们承担此任务后，大力弘扬“严谨务实，精益求精，稳妥可靠，万无一失”的精神，不断强化质量意识，从每一道工序、每一个部位做起，认真落实施工规范，严格控制施工过程，坚持现场考核检查，瞄准质量最高目标，不给工程留下缺陷。施工中，他们坚持安全、质量、技术交底、挂牌施工、任务到人、责任明确，并实行样板引路和优胜劣汰竞争机制，使员工养成了精心施工、一丝不苟的良好风气。为提高工程质量，他们坚持使用新技术、新工艺、新材料，使工程科技含量不断增加。如主体施工中，钢筋采用直螺纹套筒连接，混凝土保护层使用塑料定位卡，支模以槽钢代替方木，浇灌混凝土时，采用泵送，实现梁板柱

一次浇筑完成，这些都有效地保证了工程质量。当时正值神舟四号飞船发射成功，给正在施工一线的员工们以极大鼓舞。他们用航天精神建设航天工程，为航天科技搞好这些配套设施，使工程质量达到精品标准，为我国航天事业的发展作出新的贡献。

质量赢人造就“鲁班”非凡实力。2001 年 8 月，中国航天科技集团公司四院情报科研楼开工建设，这项工程是航天四院的标志性建筑。陕西航建激情满怀，信心百倍，一定要把这项工程打造成鲁班奖工程。开工伊始，他们从策划入手，确定了“注重事先考虑，强化细部处理，严格过程控制，建造精品工程”的管理思路。从每一个部位、每一道工序开始，严格管理，点滴做起，把建筑品当作艺术品，精雕细刻，一丝不苟，追求卓越，尽善尽美，让用户对每一个部位都满意，使工程从内在质量到外部观感达到完美统一。在创鲁班奖的日子里，项目经理和相关人员一直吃住在现场，常常跟班作业，挑灯夜战，每干完一道工序都严格检查验收，发现质量问题，及时排除，不给工程留下任何隐患。有一次，一名工人绑扎的钢筋间距不够均匀，影响了受力，硬被要求拆掉重绑……在高新大厦工程施工中，铺设大厅地面时，进了一批大理石，因材料等级不一样，尽管符合质量要求，但要达到精品工程的目标，就必须更换更高等级的材料，仅此一项，就多花了 10 余万元，虽然经济上受了损失，但赢得的却是航天企业的信誉，给用户、给社会奉献了一个精品工程，该工程成为陕西航建第二个鲁班奖工程，他们正是用这样的工匠精神，筑起一座座永恒的丰碑。截至目前，陕西航建已捧回七座鲁班奖，金奖效应催开了“航天建设”美丽之花，为社会奉献了一个优质工程、精品工程，进一步提升了“航天建设”品牌的美誉度，就如同我们的火箭、卫星一样，在人们的心里扎下个根。

明天会更好

在企业发展过程中，危机和困难是不可避免的。前进路上，也不会总是坦途。2015年前后，陕西航建的发展陷入低谷，面临许多亟待解决的问题。志不求易，事不避难，陕西航建新一届领导班子和广大员工一道，牢记使命，勇于担当，砥砺奋进，筚路蓝缕，披荆斩棘，进取中不忘初心，拼搏中彰显使命，使公司很快扭转乾坤，各项事业蓬勃发展，施工生产捷报频传，公司发展呈现良好势头。

他们逐步完善各项管理制度，不断优化管理，强化监督职能，多措并举开拓市场，年承接工程任务突破50亿元。中标项目不仅体量大、质量高，而且分布范围广，类型丰富，陕西航建旗帜在黑龙江、贵州、海南、新疆、河南、安徽等市场飘扬。他们齐心协力、埋头苦干，实现注册资本金从1.3亿元增加至3.8亿元，并且顺利通过了陕西省高新技术企业认定，彰显了企业的综合实力。他们将党建文化、航天文化融入施工现场，不断提升项目管理水平，在住建部全国工程质量安全督查中，获得全省第二的好成绩。他们坚持从严治党，广泛开展了“寻回初心”主题教育活动，组织党员干部赴梁家河开展支部活动，邀请退休老领导到原部队驻地，对干部员工进行航天精神和部队文化传承……

成功的鲜花是为奋斗者准备的。截至2017年，陕西航建共获得国家发明专利2项，实用新型专利36项，国家级工法1项，省级工法33项；同时荣获国家科学技术进步奖、中国安装协会科学技术进步奖、中国航天企业联合会企业管理现代化创新成果奖。

陕西航建先后有300余项工程被评为国家、省、市优良工程，其中中国建筑工程鲁班奖（国家优质工程）7项，国家优质工程银质奖4项，“全国用户满意工程”3项，“全国新技术示范工程”1项，陕西省建设工程质量最高奖“长安杯”43项，“陕西省新技术示范工程”50项；先后创建国家级文明工地8个，省、市级文明工地431个，创建省、市级绿色施工示范工程15项。

陕西航建每一次进步、每一份收获，凝聚着干部职工对公司的忠诚与热爱，饱含着广大员工的心血和智慧。公司还荣获“全国建筑业先进企业”“全国优秀施工企业”“全国工程建设质量管理优秀企业”等称号，获得“创建鲁班奖工程突出贡献奖”“全国用户满意工程先进单位”“全国AAA级信用企业”“中国建筑业成长性百强企业”“陕西省先进施工企业”、陕西省“创建文明工地先进施工企业”“工程质量安全十佳企业”等荣誉称号。2017年公司被陕西省省委省政府授予“陕西省先进集体”称号。

三十年拼搏奋进，三十年硕果累累。经过改革开放的洗礼，陕西航建得到进一步发展和壮大。在前进的路上，他们将以党的十九大精神为指引，继续凝心聚力，牢记历史使命，团结奋进，众志成城，用自己的双手再创新的业绩，为国家作出新贡献，让员工获得更多幸福感，使陕西航建明天更美好！

敢为天下先　产业铸辉煌

——记中国航天科工集团有限公司二院203所改革开放民用产业发展历程

张　超

中国航天科工集团有限公司二院203所民用产业始自1981年，回顾近40年的发展历程，在这期间涌现过许多炙手可热的产品和叱咤风云的人物。203所从来都不缺意气风发的创业者，他们敢为天下先，在“计量测试”这块沃土上培育出了许多夺目的明星产品。这群人怀创业之心，担事业之重，他们的经验教训默默滋养了一批又一批事业后来者，而今天民用产业所取得的辉煌业绩也足可告慰这些先行者。重温这段岁月，不禁心潮澎湃！

事业开创期，大胆进行体制机制创新实践

20世纪八九十年代，我国军品任务不饱满，军工科研单位都积极响应国家号召开创民品事业。这期间203所为了大力推进民品事业的发展在体制机制上都有很多尝试，比如，为了促进电缆电视工程项目的开展，“横向联合”几个研究室，成立了联合实验室；为了对外承揽工程、开展技术服务和技术改造，1984年成立了计峰电子技术开发公司；成立计量站劳动服务公司，实行经理负责制和经济独立核算，开发的产品大多是基于203所的微波、无线电、时频参数等计量技术衍生出来的，如计量检定测试服务、计量标准研制等。当时在国内卫星接收和有线电视网络领域，203所是最早涉足该领域的科研单位，在电缆电视工程项目中还创造性地应用了导频技术，开发了共用天线闭路电视全套部件和全频道系统部件，这些

都确保了203所在同类产品中保持较高的技术优势和利润率，是203所在民用产业领域第一次有益的尝试。

数个市场领域经济规模迅猛提升，产业雏形显现

计量校准测试、晶体元器件、射频连接器和组件等产品迅速成长起来并形成较大规模，个别产品已经发展成为203所的支柱产品，产业发展格局初现。比如计量校准测试业务额稳步提升，2002年到2007年保持年增长率不低于20%，到2007年产值已经达到2500万元；民用晶体元器件伴随着科瑞思特公司的成立而迅猛发展，1995年到2000年年收入实现从200万元到3100万元的大幅提升，市场份额一度占据国内寻呼机晶体市场的25%。

究其原因，一方面是产品不断地创新，能够满足客户不断增长的需求；另一方面也是在机制、机构方面做了适应性尝试并得到了良好市场反馈。2002年成立市场部专攻成熟产品市场，建立专职销售队伍，当时在二院应该是首开先河。科瑞思特公司吸纳港资注册为中外合资公司，取得独立经营进出口权搞外贸，按照公司制度管

理在外地设分厂、设办事处等，这些机制、机构的探索在二院都是领先的。

产业转型升级，产业格局日渐成熟

这十年是203所民用产业长足发展的十年，其产业格局日趋完善。四大产业板块，即计量服务、频率控制、复杂电磁环境与自动测试、新兴民用产业的经济规模都已突破千万元，个别领域正在向亿元目标逼近。实现批量销售的爆款产品越来越多，产业化程度日趋成熟。

转型升级就要老树发新芽，焕发新生命力。计量是203所的基业，计量校准检测服务一直是203所民用产业的一个重要支柱，2016年计量服务仪器数量突破3万台套，计量服务收入达到6000多万元。203所持续改进服务能力和服务水平，陆续推出重要举措使得计量服务领域保持旺盛的生命力。计量实验室每年持续增加计量项目，计量处为用户提供仪器接送专车、开通服务专线电话完善服务水平；2015年获批筹建国家航天信息技术产业计量测试中心，2017年1月31日“北斗卫星导航产品2101质量检测中心”正式挂牌运营，成为华北地区唯一一家北斗导航产品认证单位，导航产品检测领域成为计量服务新的经济增长点；2016年203所还成立了成都计量分中心，着眼开辟西南地区计量市场谋求新突破。

203所在时频计量领域一直是走在最前列，晶体元器件一直是203所的支柱产品，自2007年以来，共完成了30万余台/套晶体元器件。随着国内时频体系突飞猛进的发展，频率控制领域转型升级势在必行。经过多年潜心研制核心设备的积累，203所目前已经成为国内唯一具有从晶体元器件、频率源、原子频标到时频测量，技术配套、体系完整的频率控制技术研究所，也是国内唯一同时开展氢、铷、铯三种原子钟的研制单位，为导航及海洋卫星、国家计量院、国家授时中心、国家地震局、中央电视台、武汉大学等提供多台套高精度星载和地面原子钟等。

203 所有深厚的测试技术底蕴，以模拟器、机电转台扫描架、电磁兼容设备等为代表的核心设备一直在市场上保持优势。随着市场趋势的发展，203 所着眼长远，整合相关研究室的资源，将测试设备定制化研制逐步扩大到测试系统集成、复杂电磁环境构建等领域，以满足客户不断发展的需求。

转型升级过程中不可避免会有优胜劣汰带来的阵痛。任何产品都是有寿命周期的，市场需求也是瞬息万变的，20 世纪 80 年代开发的民用产品，在经历短暂的辉煌后，因各种原因其中大多数产品失去市场机会。比如自动实时巡回监测系统曾于 1987 年获得部级科技进步奖二等奖，但应用范围迅速缩小；电缆电视器件和工程领域曾为 203 所贡献过千万余元收入，但由于众多私营公司的激烈竞争而导致产值规模逐年递减，与之相关的公司于 2000 年左右相继停办和撤销。

1998 年以后，国内外移动通信进入手机时代，科瑞思特公司原来以寻呼机为主要市场的晶体下滑非常明显，至 2003 年产值跌至不

足 700 万元。该公司调整产品方向，开始生产晶体振荡器，到 2006 年公司产值逐步回升到近 3 000 万元，之后产值规模一直未有大的突破。由于国资委提出缩减国企法人户数要求，为响应二院大局安排，2017 年科瑞思特公司完成注销，注销后其人力和资产与所内的资源进行了融合调整，业务方向也进行了战略调整。在市场领域，如果没有规模化发展，不能适应形势，不能快速实现转型升级并占据主动地位就意味着被市场淘汰，这样的阵痛也为 203 所民用产业的发展提供了前车之鉴。

转型升级就要欢迎新产业的诞生和成长。203 所从来都不缺乏开创新事业的勇气和能力，2010 年着眼安保市场，203 所先后成功研制了毫米波人体安检门、虹膜生物识别系统等走在技术和市场前沿的高科技产品。这些产品的市场一旦打开，市场容量不可估量。2012 年，203 所又开发出了着眼未来智慧城市的特色产品——智慧管网和智慧市政系统，从产品研发到市场落地不过 2 年有余，目前已经在苏州太湖新城、宁波梅山、新疆玛纳斯、江西抚州等多个地区成功实施智慧管网工程项目，获得用户及上级单位的好评，提升了二院在智慧城市领域影响力，获得了经济效益和社会效益。

目前 203 所正站在产业转型升级的新时代潮头，展望未来，要想在即将开始的国有事业单位改制洪流中屹立不倒，要想在砥砺奋进后再铸辉煌，就必须积极践行集团公司发展战略，把 203 所的事业梦脚踏实地的一步步实现。近 40 年的实践证明只有勇于创新的奋斗者才能保持事业常青，未来一定属于每一位敢于追梦的 203 所人。

“航天磁”成长记

——湖南航天磁电有限责任公司庆祝改革开放40周年撰文

曾晓芸

40年前，党的十一届三中全会揭开社会主义中国改革开放的序幕。40年的风雷激荡，40年的砥砺前行，在中国共产党的领导下，我们的祖国实现了从“赶上时代”到“引领时代”的伟大跨越。湖南航天磁电有限责任公司（简称湖南磁电）也乘着改革开放的东风，从一家名不见经传的小公司，成长为磁性材料行业的翘楚。湖南磁电现注册资金24 698万元，资产总额65 779万元，净资产32 417万元，员工800余人。湖南磁电是湖南省高新技术、高新产品（双高）企业、湖南省电子信息制造业前十强和湖南省千亿材料产业集群重点骨干企业、湖南省节能环保示范企业。湖南磁电产品涵盖高档永磁铁氧体电机瓦磁、扬声器环磁、稀土永磁等多个门类，应用领域涉及汽车、节能家电、工业电机、电声、医疗、计算机、通信以及航空航天等；其产品品质广受客户信赖和赞誉，远销30多个国家或地区，是国内领先的综合磁材产品生产经营企业。40年弹指一挥间，我们在历史的长河里披沙沥金，撷取了“航天磁”的几个成长片段和大家分享。

一、品牌诞生

20世纪70年代，一群专业的磁性材料研发人员响应国家建设“三线”的号召，从北京来到偏远的湘西南，为国家建设奉献青春。

这批来自航天二院23所和其他院所的天之骄子，扎根于湖南省邵阳地区隆回县岩口乡的068基地（湖南航天管理局）下属7861厂，组建了7861厂第二研究所，开始了磁性材料的研究。20世纪80年代，又有一群风华正茂的年轻人加入了这支研发队伍，成立了第四生产车间，开始了磁材产品的小规模生产。当时生产的产品是收音机天线棒、钟表线圈等。1995年，基于拥有多年磁性材料研发和生产经验，068基地领导班子经过充分的论证，果断地做出决定，正式注册成立一家专门从事磁材研发和生产的企业，当年8月，湖南磁电正式成立。以杨迪武为总经理的第一任领导班子勇挑重担、不畏困难，带领湖南磁电干部职工大刀阔斧地建厂房、买设备、挖人才，硬是在短短不到一年的时间里，建成了由两条30米隧道窑和其他各工序配套设备组成的年产2 000吨磁材的生产线。在硬件条件建设的同时，从外部引进技术专家吴松柏，带领湖南磁电技术、生产团队，一遍一遍地试验，经小试、中试到批量生产，不知加过多少班、熬过多少夜，终于实现大批量正常生产，“航天磁”正式诞生了！

二、走向市场

生产出来的产品能否被市场所接受，成为湖南磁电能否站住脚、走下去的关键。时任湖南磁电领导班子未雨绸缪，在规划产能的同时，有条不紊地做着搭建营销队伍的准备工作，从公司内部选拔 20 多名具有大专以上学历、懂产品、善沟通的人员，经过严格的销售技巧培训之后，组成了湖南磁电首个销售团队，他们带着产品、带着全湖南磁电的希望走向了市场！湖南磁电最初的主打产品是扬声器用环磁产品，珠三角是扬声器企业最为密集的地区，他们便将目标市场锁定在广东省，在广州设立了湖南磁电首个驻外销售网点，接下来陆续设立了深圳销售网点，为了更方便地服务客户，还设立了广州中转仓库。当时，市场上已经有了“东磁”“南湖”“国营 899 厂”等行业领先企业，它们占据了绝大部分市场，“航天磁”的唯一出路就是想方设法挤占市场，在夹缝中求生存。在肖正义、王旭等湖南磁电早期营销负责人的带领下，营销人员迎难而上，殚精竭虑，穷尽一切办法将产品推介给客户试用。当时采取查黄页打电话、在工业区挨家挨户上门推销等方法，不让进门就和门卫套近乎，没有公交就靠步行，凭着永不放弃的精神，他们成功开发了第一批客户。湖南磁电有一位叫张龙的销售人员，他成功开发台资客户锡东五金的故事传为佳话：当他了解到锡东五金有磁材需求后，不管三七二十一，直接扛着样品来到客户门口推销，可客户采购人员不愿见，门卫不让进，张龙就抱着产品在客户厂门口蹲了一夜，直到第二天清晨被来上班的客户老板叫醒，看见这一幕，客户老板十分感动，决定试用“航天磁”产品，试用后发现其产品各项技术指标均优于竞争对手，湖南磁电一跃成为客户正式供应商……诸如此类的故事一个接一个，“航天磁”也将一个又一个的客户收入囊中。1998 年，“航天磁”成为国庆 50 周年天安门“特大型声柱用扬声器磁体”供应单位。“航天磁”凭借多年的技术积淀和大胆探索，终于以优良的产品性能得到了客户的青睐，赢得了市场的认可！

三、质量取胜

"航天磁"一走向市场便获认可的喜悦并没有让湖南磁电沾沾自喜、止步不前，大家深知，企业长远发展的根本在于持久竞争力。除了优越的产品磁性能外，产品质量稳定性尤为关键。为此，湖南磁电从1998年开始贯标ISO9002质量管理体系，提出了"质量是'航天磁'的生命，通过预防、控制和改善，为顾客提供满意的产品和服务"的质量方针，将影响产品质量的全生产过程逐一分解，按照体系的要求形成湖南磁电自己的质量手册、程序文件和作业文件，当年通过了ISO9002质量体系认证。为了适应汽车行业客户开发的需要，湖南磁电又先后于2003年和2006年通过了QS9000和TS16949汽车供方质量体系认证。质量方针深入人心，质量管控从事前预防、过程管控到持续改善，为"航天磁"产品的质量稳定奠定了坚实的基础，为后续成功开发多家全球知名客户创造了有利条件。

四、新品开发

磁材作为一种基础的功能性材料，有着极为广阔的市场应用空间，电机用磁材较扬声器用磁材有着更大的市场需求。湖南磁电在取得扬声器成功敲响市场大门的基础上，从1998年开始向电机用磁材市场挺进，湖南磁电成立研发队伍，开始研究电机瓦磁。经过艰难的攻关，再一次成功了，电机瓦磁一炮打响，成了东昌电机的供应商，为瓦磁的市场拓展完美开局。2002年是湖南磁电发展的里程碑年，这一年，湖南磁电瓦磁产品首次进入汽车电机行业，并成功开发了全球汽车十大汽车零部件供应商之一的FAURECIA，这是湖南磁电的第一家国外客户。开发过程历经千辛万苦：接触伊始，客户就派出了由采购、技术、质量组成的团队来湖南磁电考察，客户对湖南磁电的航天背景和实力充分认可，当场破例将正本技术图纸和技术文件提供给他们（客户说，这是他们第一次在首次考察就向供应商提供正式技术文件），并当场确定了开发计划，明确了供样、样品验证、小批试产、过程审核、小批供货、大批量产等时间节点，目标是当年年底实现大批量供货。天啊！这是天大的好消息！可是，望着客户留下的一大堆全英文技术资料，相关人员都傻眼了，什么DFMEA、PFMEA、PPAP、CP、MSA……这都是些什么啊？全面阅读资料后，才明白这些是汽车行业通行的失效模式分析、生产件批准、控制计划、测量系统分析，湖南磁电之前完全没有过任何汽车客户的应对经验，更不知道从何下手，怎么办呢？质量副总经理林文建带领技术部部长张铁军、质量部部长张敏芳和其他相关人员迎难而上，以“钉钉子”精神进行攻关，经过不懈努力，湖南磁电首个大批量（约10吨）产品于当年11月底发往客户，并顺利通过客户验证。经过六批次交付之后，成功地实现了客户免入库检验、直接上线，将客户从行业著名磁材制造商UGIMAG手中抢了过来。

五、海外拓展

第一家国外客户 FAURECIA 的成功开发，极大地鼓舞了他们的士气，证明湖南磁电具备了参与国际市场竞争、抢夺海外市场的基本能力。2003 年，湖南磁电广招英才，扩充外销队伍，加大了国际市场开拓力度。通过参加海外专业展会、互联网搜索、客户推介等多种方式找客户、招代理，陆续成功开发了 VALEO、NIDEC、DELPHI、BALDOR、EMERSON 等 20 余家国际客户，实现了湖南磁电国际化经营收入近 3 000 万美元，国际化经营收入一度达到了湖南磁电总销售收入的 68%。平均每年有 40～50 次的海外客户到访湖南磁电，每一次客户来访、每一项客户要求，湖南磁电都视为提升自我的一次机会，通过与大客户的长期合作，湖南磁电的质量管控能力不断提升，“航天磁”系列产品成了扬声器行业高端产品的首选磁材和电机行业的优选磁材。

六、产业升级

一个个高端客户的成功开发推动了湖南磁电的发展壮大，湖南磁电年销售收入从创业之初的几百万元增加到现在的 4.5 亿元，面对严酷的市场竞争，湖南磁电如何发挥自身的竞争优势，如何实现湖南磁电持续健康发展成了领导班子思考的重要课题。为了实现快速发展，湖南磁电加快了技术研发、产能提升、智能化改造的步伐，2014 年，湖南磁电成功地从原来狭小的地盘搬迁到如今高端大气的产业园，实现了管理和产能的双提升。湖南磁电合理的生产布局、现代化的生产线、精益的生产管理为市场拓展、产业升级创造了有利条件。特别是近几年，为了湖南磁电长远发展，以郑自儒为总经理的新一任领导班子进一步加大了技术研发的投入，加强了人才队伍建设，湖南磁电成立了磁性材料技术研究中心，引进了几十名以刘超博士为首的高学历、高素质技术人员，加强了磁材前沿技术和产品的研发力度，成功研制出微波炉磁控管专用磁材（微波炉磁），打破了行业龙头企业对该产品多年的垄断。湖南磁电大手笔推进生产各环节的智能化改造项目，相继实现了料浆离心脱水、料浆管道输送、磨削自动流水线，正在推动生坯自动转运系统、产品外观缺陷自动分选系统等智能化改造项目，高效地建设了全国领先的全过程自动运转的两条铁氧体预烧料生产线和三条微波炉磁生产线。生产成本的降低、竞争能力的增强为进一步拓展市场创造了有利条件，近期成功地开发了 SAMSUNG、LG、美的、格力、海尔等知名客户，掀起了客户开发的又一波高潮。“航天磁”同时被国家工商总局认定为“中国驰名商标”。

潮来风正急，扬帆正逢时！党的十九大全面部署了社会主义中国新时代伟大事业和伟大工程，科学规划了中华民族伟大复兴的时间表、路线图、任务书，为我们在新时代开启新征程、创造新辉煌提供了行动纲领。在祖国改革开放 40 周年之际，湖南磁电必将以习近平新时代中国特色社会主义思想为指导，励精图治，攻坚克难，在王永森董事长和郑自儒总经理的带领下，实现“航天磁”新的飞跃，为湖南航天百亿梦想作出新的更大贡献！未来已来，湖南磁电人正向着“创航天品牌、建百年磁电”的目标阔步前进！

同心同行同成长　你的光明有我守护

黄卫青

改革开放40年，舒适生活背后，是无数人的默默努力，六院南地变电站的电力保障者就是其中之一。

变电站　一叶知秋看今昔

南地变电站始建于20世纪60年代中期，当时的供电设备是1965年制造的，已使用20多年，进入20世纪80年代已属于淘汰产品，陈旧设备导致供电量及安全操作性能等受到限制，电力基础设施相对薄弱。

居住在南地的人们记忆最深刻的情景就是，刮风下雨，家里突然一片漆黑，纷纷站在凉台四处张望。那时南地团结区的高、低压架空线路是在20世纪80年代建成的，设计要求低，一处出现故障，必须全部停电才能进行应急处置，所以停电成了家常便饭。随着六院的不断发展，南地人口逐年增多，线路负荷过高，更导致经常断电、停电。近年来，相继投资的团结区高、低压线路及路灯改造民生工程，把居民区原裸露的高、低压架空线路全部拆除，改为电缆直埋敷设并分路控制，消除了用电安全隐患。如今，即便是故障检修，也是小范围停电，人们在日常生活中也更加方便随心。

20世纪90年代，六院军品科研生产任务量增加，南地变电站的供电能力和最大负荷已经无法满足需求。2000年，变电站加快建设步伐，对变电站及电网进行“一站四线”改造。改造后的电网将过去的架空线路改为地下电缆，安全性提高，电量损失减小，更好地保障了南地科研生产。2011年，是具有历史性转变的一年。期盼已久的第二电源由航天站接入变电站，由此六院各厂所成为真正意义上的双电源用户。

电量指标是经济社会发展的“晴雨表”。现如今，南地变电站的供电量是 1988 年动力公司成立时供电量的 11 倍；供电能力增加 233%，最大负荷提高 400%，负荷较 1988 年净增 5 倍之多。这一张张成绩单，见证了变电站在改革发展 40 年中由弱变强、不断成长、不断进步的历程。

他们　是技术过硬的电力保障兵

20 世纪 60 年代，南地变电站电工组是由当时六院的电力精英、技术骨干组成。20 世纪 80 年代中期，返城知青、参军转业人员陆续加入电力保障队伍。那时的通信设备不发达，室外架空线路较多，一到雷雨天就会出现断线等突发故障。一旦停电，一两天才能恢复供电。而今，架空线路较过去大幅减少，直埋电缆成为供电

“主角”，故障发生率大大降低。

“一站四线”改造时的场景至今让人难以忘怀。5.6 千米的电缆敷设全靠人力，不论男女，大家一起拉电缆，同心协力、不畏艰苦，黄土坡上百人拉电缆的场景震撼人心。

现如今，变电站电工组平均年龄 28 岁，均为大专及以上学历，当中既有经验丰富、技术过硬的技师，也有富于创新、朝气蓬勃的 90 后。他们，每年春查检修架空线路 13 185 米、变压器试验 94 台、10 kV 高压开关柜 118 面、电缆 137 条总长 24 660 米、TBP 及氧化锌避雷器 120 组等。电缆故障测试技术，从最初掌握的电桥法，到现在使用的电缆测试仪、定点仪，判断电缆故障性质和寻找故障时更快更精准；从 20 世纪 90 年代熟练掌握的 10 kV 电缆头制作技术，到现在拥有 110 kV 电缆头制作资质，一专多能的新型复合人才已成为变电站的中坚力量。

2014 年冬天，同样的 5.2 千米电缆敷设，机械牵引、吊车滑轮

齐上阵，10 多人冒着严寒连续作战，完成了室外高压电缆敷设工作，跑步赶上年末施工总进度。“安全、快捷、优质服务”是他们的宗旨，他们是六院青年安全生产示范岗、青年创新工作室，他们荣获六院 2016 年度感动团队，他们用火热的青春为改革开放 40 年注入新鲜血液。

她们　是驻守变电站 30 年的“娘子军”

说到电，就会让人想到“电老虎”。这让男人们都不寒而栗，更别提女人了。可这里就有一支专门与高压电打交道的“娘子军”，她们是变电站配电组的 9 朵金花。从 1988 年至今，这支队伍一直坚持了 30 年。20 世纪 80 年代，配电室条件较差，高低压开关柜都是手动操作。她们每天都要巡视检查所有的室内外设备，测温、测压，检查变压器是否有漏油现象，设备是否有异常声音等。在配电室内，这样巡视 1 次大概需要 1 小时。

在变电站工作，天天要与带电高压设备打交道，容不得丝毫马虎和大意。多年来，她们提出了“12334”理念，把“保证供电系统安全稳定运行”作为服务宗旨，严把现场关，严格执行设备缺陷管理制度。上标准岗，干标准活，规范操作程序，严格遵守两票制度，细化巡检记录，坚持在实际工作中做到“多看一眼，安全保险；多防一步，不出事故”。全年为厂所保电近 2 000 小时，达 200 多次。根据负荷的变化对并联电容器准确投切，使全年的功率因数平均保持在 0.91 以上，供电局每年奖励电费 7 万元，即每年为公司节省电费 7 万元。

2011 年，双电源进站，对设备的运行管理增加了新的内容和一定的危险性，对操作的准确性要求更高。为此，她们认真细致地制定了复杂严格的双电源倒闸操作程序，确保双电源切换运行方式时的每一次倒闸操作安全无误。

从 20 世纪 80 年代手动就地分合闸，到现如今的电脑远程控制、半自动倒闸操作；判断故障，从最初由值班人员观察现象综合分析本质，到设施设备的自动分析故障，变电站配电运行管理达到了先进水平。每一份光明背后都有人默默守护，一如电力金花们的心语："您用电，我用心。"有付出就有回报，"娘子军"用实际行动验证了这个道理。她们，曾荣获六院第一届、第二届"十佳班组"。

一路走来，南地动力公司变电站供电保障能力大幅提升。时间在变，环境在变，不变的是电力保障者们忙碌的身影，还有他们可爱的模样、灿烂的笑容。

探寻航天控制持续盈利的奥秘

——贵州航天控制技术有限公司改革创新发展纪实

杨 宇

伴随着改革开放铿锵有力的前进步伐，传承着三线建设艰苦创业的奋斗精神，贵州航天控制技术有限公司（简称航天控制公司），这家从山沟里走出来的企业，稳扎稳打连续盈利48年，多次获得国家科学技术进步奖、国家创新型示范企业、全国“五一劳动奖状”、全国文明单位等荣誉。

“问渠哪得清如许，为有源头活水来”，这一切的源头活水在哪里？这份48年连续盈利的成绩单背后，又有着怎样的奥秘？

逐风破浪，融合发展拓市场

改革开放前，军工企业是计划经济的宠儿，虽然创业艰苦，但有国家政策支持，有重点型号批产，经营发展还算一帆风顺。

改革开放之前，航天控制公司的前身“国营井冈山仪表厂”作为弹上设备的专业生产厂，过着波澜不惊的日子。1979年以后，由于军品任务锐减，工厂生产经营陷入窘境，也曾开发生产过一些低端的民用产品，由于长期的计划经济管理思维，企业举步维艰。在经历了一系列的尝试和努力后，工厂调整发展思路，不走单纯的加工型企业之路，形成“科技领先，民用产业融合”的发展战略，以“高起点、高标准、高水平”作为开发方向，瞄准高端技术，开发高附加值产品，走上“市场引领、技术决胜”之路。

工厂从我国石油仪器大量依赖进口的情况中发现商机，投入精兵强将，主攻石油仪器。在短短几年时间里，与大庆油田合作研制的 CJ－1 型双频道回声测试仪，经大庆市科委技术鉴定，达到美国同类产品技术水平。从此他们紧紧盯住油田市场的风云变幻，保持每年都有几个新产品问世，满足油田市场不同的使用要求；先后成功研制双频道回声测试仪、液面自动监测仪、动力示功仪、综合测试仪等七大系列 30 多种产品，其中一些产品成功替代进口，被评定为国家级新产品。这些产品技术含量高、更新换代快，行销我国各大陆上油田。民用产业融合发展战略为航天控制公司创造了巨大的经济效益，帮助它走过了那一段最艰难的历程。今天，航天控制公司已经形成了惯性技术、伺服技术、信息技术、机器人技术、油井测控技术，在这五大技术中军品民品相融并促，各占“半壁江山”。

换道超车，创新打开新局面

改革开放伊始，工厂就敏锐地认识到，企业再也不是国家的“生产车间”，必须要有自身的核心技术和核心产品。从 20 世纪七八十年代开始，他们就主动走出大山，紧跟总体，取得一些国家重点

型号任务的“跟研”和“参研”资格，并以点带面，一步一步“蚕食”市场。如在惯性器件上，从20世纪80年代开始为国家重点配套几只动调陀螺，发展到现在为四大军种近10个国家重点配套动调陀螺、液浮陀螺、光纤陀螺，伺服机构从单一的气压舵机发展为气压、电液、电动三大系列，为10多个国家重点型号配套，成为我国机械式陀螺仪最大的生产单位，实力最强的航天电液舵机科研生产企业。近年来，他们协外配套创造的价值连续多年占军品总产值的70%以上，为国家航天防务产业作出了重要的贡献。

“十三五”以来，航天控制公司深入贯彻中国航天科工集团有限公司“服务国家战略、服务国防建设、服务国计民生”发展理念，大力发展军民关键共性技术、前沿引领技术、颠覆性技术，努力实现军用技术在民用产业的发展应用，牢牢把握创新主动权、发展主动权；以“三创新”“三突破”“微系统”“三类制造”为抓手，深入贯彻落实“四个两”，坚决打赢“三大攻坚战”；不断依靠技术创新向新市场密集发力，一些前沿技术由跟跑并行转向超车领跑，取得了一系列丰硕的技术成果；成功研制了体积最小、重量最轻的微型惯性测量组合，为开辟新的便携式飞行器配套领域提供强有力的技术支撑；成功研制了国内首个体积最小、重量最轻的四通道集成电动舵机，并在科工、科技、兵器、中船等市场领域实现了快速拓展；微小型三轴一体化光纤陀螺仪比传统产品的体积和重量减小60%，技术性能达到国内领先水平；微型嵌入式电机融合泵动力系统进入军委科技委预研项目；国内首创电发声液面测试技术，实现了颠覆性的技术创新。该公司成功申报“助力型外骨骼机器人”国家科技部重大专项，奠定了该公司在我国特种机器人行业的领跑地位；自主研发的“偏心注水井一体化测调验封装置”达到国际先进水平；新型液面智能监测仪彻底实现了对高压气井液面测试的实时远程无人监控，成功取代进口。

抢抓机遇，改革激发新动能

“沉舟侧畔千帆过，病树前头万木春。”进入20世纪90年代后，工厂逐步深化各项改革，历史再一次赋予工厂快速发展的良机。

企业依靠市场，市场依靠产品，产品依靠技术，技术依靠人才。激发各类人员的积极性和主动性，是改革的目的。从1995年开始，工厂实施“研发＋市场＋团队”的新产品开发模式，每年成立几十支项目课题组，与工厂签订科研课题承包合同，广泛开展新品预研和产品研制，保证企业“后继有型、后继有人”，让科技骨干名利双收。2007年，工厂调迁贵阳后进行公司制改革，组建成立贵州航天控制技术有限公司，实现了体制新、机制新、装备新，新的机制激发了新的创新动能。近年来，该公司通过深化干部制度改革，一批青年才俊走上干部岗位。通过工资制度改革，初步实现了多劳多得、多贡献多得。通过开展绩效管理，激发了干部职工的内生动力。通过精简内设机构，优化了工作流程，提高了工作效率。目前，该公司人员逐年减少，发展却在提速，“十二五”以来，该公司主要经济指标连年保持两位数增长。连续七年在十院综合经营业绩考评中获得优秀，是十院唯一的一家企业。

航天控制公司继承发扬以“自力更生、艰苦奋斗、为国奉献”的“三线精神”，牢固树立“创新、开放、多维、协同、共享”的“一线理念”，用良好的发展成绩诠释着“科技强军、航天报国”的博大情怀。

晨光艺术工程·我见证你的改变

沈军宁

不一样的人生，有的炫目多彩，有的平凡普通……

不一样的时代，有的沉寂黑暗，有的美好光明……

你可以选择自己的人生，却无法选择所处的时代。因此，能生活在一个美好光明的时代实现自身的价值、追寻自己的理想，无疑是一种巨大的幸运！我们有幸和这样的时代相遇，见证日新月异的改变、感受腾飞崛起的力量、享受和谐美满的生活、远眺灿烂辉煌的前景……这一切的一切都离不开伟大的改革开放！

中国共产党领导人民进行了波澜壮阔、翻天覆地的革命，创建了一个崭新的中国，中国共产党又带领人民进行着改革开放。从1978年开始至今，40年矣。改革开放关系到国家的兴衰荣辱，影响着亿万人民的工作生活，覆盖了960万平方千米的华夏热土，它是势不可挡的滚滚洪流，是伟大时代的最强音。处于大时代中的小人物，我见证，我感受，我欣喜，我憧憬……

我的工作单位——南京晨光艺术工程有限公司在改革大潮中几易其名、几经变化，我在此间工作已25年，从韶华到不惑，风雨同路，见证了公司的改变，感慨良多。

20世纪90年代初，我参加工作进入南京晨光机器厂，被分配到南京晨光艺术工程有限公司的前身——晨光机器厂一分厂。一分厂专门从事铸造，既有军品也有民品，还有后来我们赖以成名、倚为支柱的艺术制像产品。记得第一天进厂实习时，恰好分到“佛型组”，所谓“佛型组”，就是以20世纪80年代末参与铸造香港天坛大佛的生产骨干人员为班底组成的，专门铸造青铜艺术制像的班组。第一次实习操作面对的是“国家风景名胜区徽标铜牌”，让我们这些从未接触过制像产品的年轻人感到新鲜和意外。想象中从事铸造肯定要面对单调乏味、重复无趣的批量零部件，以及黄砂黑粉、烟尘滚滚，没想到还有如此这般艺术化的产品，龙马牛狮、神仙佛祖、领袖名人、钟鼎法器……让我们大开眼界且兴趣倍增。随着时间的推移，接触到的制像产品越来越多，韶山毛泽东像、梅园新村周恩来像、雨花台烈士雕像、夫子庙大成殿孔子像……但这些都是中小型制像，我们涉足范围和生产能力都还有限。直到1997年，当时世界上最高露天青铜大佛——灵山大佛的建成使我们奠定了行业龙头的地位。单位组织分厂全体职工参观“灵山胜境”，当我仰视摩天接地、宝相庄严的灵山大佛时，当我欣赏巧夺天工、宏伟盛大的九龙灌浴时，啧啧称奇之余心生自豪。除了声名远扬的青铜制像产品，我们还是国礼的制作专业户，1997年香港回归的“永远盛开的紫荆花”、1999年澳门回归的“盛世莲花”均是中央政府

指定晨光制作的，我都有幸参与其中，让我在与他人的茶余饭后中增添了不少谈资，更多是一种荣光充沛于心。

改革深入，发展所需，我们于2002年加入了航天晨光股份有限公司，单位名称也从一分厂变成了艺术制像分公司。改革必将伴随阵痛，也会经历低谷，更名改制的头几年我们都见证过这些坎坷，但是艺术制像分公司有高瞻远瞩、锐意进取的掌舵人，有坚持不懈、努力拼搏的好员工，通过上下齐心、共同奋斗，我们迎来了制像事业的高峰期，奉化弥勒、不丹太子佛、西双版纳大佛、吉林敦化大佛、香港观音像……大批艺术制像精品屹立神州、走向海外，声誉日隆、四海闻名。在改革中求生存、求发展、求壮大，我们的涉足范围也由最初单一的铸铜产品发展到钣金、雕塑、仿古建筑等领域，没有思想观念的改革，没有工艺技术的改革，没有经营管理的改革，是不可能实现由弱到强的转变的。从行业的开拓者到行业的领头羊，我们见证改变，我们为之欣喜。

以前在和别人说起我们的工作时，别人总会脱口而出一句：

“噢，你们是做大佛的。”可是现在，经过多年的改革发展，我们已不再仅是从事青铜制像的铸造厂家，而是南京晨光艺术工程有限公司。单位名称的再次更改，清晰地反映了现状，由一间分厂发展为引领行业的龙头企业，集大型雕塑设计建造、大型艺术工程设计建造、雕塑与艺术品智能制造于一身的文化产业企业。我荣幸地告诉大家：出现在春晚舞台的珠海鲸鲨雕塑是我们做的；出现在牛首胜境的无忧树是我们做的；出现在国家公祭仪式上的纪念小铜鼎是我们做的；出现在北京国际电影节的奖杯是我们做的……制造精品，服务社会，振兴文化，与有荣焉！

回首来时路，感怀满心间……

时光倒流 40 年，改革开放鼓角声响，晨光人投身洪流，策马扬帆。

时光倒流 30 年，晨光铸造分厂的前辈们边实践边摸索，边攻关边积累，铸造了当时世界上最大的青铜露天佛像——香港天坛大佛，荣获国家质量金奖，一举奠定了日后晨光制像发展的坚实基础。

时光倒流 20 年，地标性建筑、东南第一大佛——灵山大佛建成，晨光制像鼎助佛教文化，促进旅游产业发展；港澳回归祖国怀抱，中央政府指定晨光制作贺礼赠送给特区政府，“永远盛开的紫荆花”“盛世莲花”在灿烂阳光下熠熠生辉、耀眼夺目，昭示着国家强盛、民族兴旺，我辈能共襄盛举，何其幸也！

时光倒流 10 年，21 世纪之初加入航天晨光的艺术制像分公司日益兴旺强盛，原先的场地设施与发展规模不相匹配，于 2008 年正式南迁溧水，开启制像史新的征程。海内外大批优质项目的建成，不断提升的知名度，智能制造、智慧企业的愿景，软硬件实力的提高和不断发展，我们跟随改革开放的步伐，一直前行、不曾止步。

改革开放走过 40 年，40 年之于人类历史长河不过是微不足道的匆匆一瞬，然而正是这改革开放的 40 年，改变了我们国家落后的面貌，实现了经济腾飞，迎来了太平盛世，为实现中华民族的伟大复兴奠定了坚实的基础。这不是普通的40年光阴，这是必将载入史册的伟大时代。

时光的脚步不会停歇，前进的道路就在脚下，需敢想、敢闯、敢为、敢当。想过去看现在望未来——从脏乱差到精益5S管理，从铸造佛像到建造工程，从低端铸造到智能制造，从铸造分厂到文化产业企业，所有改变所经过的道路，是南京晨光艺术工程有限公司一步一个脚印、不断发展前进的艰辛历程。改变不可胜数，不变的是我们对信誉的追求、对质量的追求、对发展的追求、对明天的追求。过去的发展改变，一路几多风雨、几多艳阳，我见证我感怀；未来的美好愿景，需要加倍努力、携手共创，我祝福我期待！

上海分公司·我见证你的改变

郭慧慧

26年前，为了响应党中央开发浦东的号召，在上海浦东王桥开发区十一号地块，一片杂草丛生的农地里，南京晨光机器厂上海浦东波纹管公司宣告诞生。这是航空航天部参与浦东开发的第一个工业项目，航空航天部和上海市政府都十分重视，林宗棠部长、王礼恒副部长和顾传训副市长亲自为其培土奠基。从这一天起，航天晨光人开始了在浦东的创业历程。

激情创业　刻骨铭记

26年披荆斩棘，26年筚路蓝缕，从阡陌纵横的农田到一座现代化厂区，上海分公司创业发展之路，验证了改革开放和社会主义市场经济体制的巨大活力。1993年8月28日，仅仅用了一年的时间，厂房、办公楼、宿舍、食堂等13 000平方米建筑物，先后在农田上拔地而起，并开始了试生产。当时为了节省开支，早日收回投资，厂房一建成，全体员工就住在厂房里，面对天气的炎热、蚊虫的叮咬，甚至连续停水十几天的困难，航天晨光人没有动摇创业的决心，于是就有了工房外那口“生命之源”水井。现在，那口创业时开挖的水井依然存在，并成为进行传统教育的生动教材。

1993年，上海分公司推出了连铸机用无接管金属软管，延长了宝钢、一重等连铸软管的使用寿命；1994年，民用不锈钢波纹水管在分公司问世，促使百姓家用厨具和卫生洁具开始告别传统的硬管连接；1995年，上海分公司不锈钢波纹管批量出口欧洲，改变了我国长期以来该类产品“只进不出”的局面；1996年在国内率先研制出风机盘管金属软接头；1997年在国内率先开发出不锈钢波纹管存水弯，获国家专利；1998年在国内率先研制出喷淋系统不锈钢柔性连接管；2000年成功研制出家用燃气不锈钢柔性连接管系列；2000年以后，上海分公司继续向高端产品迈进，先后开发了高柔性燃气管、汽车空调管、家用燃气埋墙管、复合材料波纹管、特种钢波纹管等产品，为我国的民用建设、家庭装潢和现代工业提供了大量性能优良且物美价廉的产品。

一项项"第一"，犹如一次次破冰，上波人用梦想和热情在百年航天晨光的历史中写下了浓墨重彩的一笔，也为"百年老店"航天晨光展现忠心报国理念和焕发新生机增添新的光彩。成立之初从"南京软管分公司50毫米口径以下的管子给浦东干，当时南京软管分公司的经理就说"没关系，反正也就300万吗"，那时50毫米口径以下的管子销售收入也就300万，到上海分公司第一年试生产销售收入600万，后来再到1 200万，其经营业绩节节攀升，实力不断增强。2010年，上海分公司迈入年收入亿元公司行列，到了2017年销售收入已达到1亿9 000万。

只争朝夕　抢抓机遇

众所周知，小口径金属软管市场竞争十分激烈，甚至用“残酷”二字来形容也不为过。而相对于大口径金属软管而言，小口径金属软管的利润又十分微薄，形势非常严峻。

“不日新者必日退。”上海分公司率先进入民品市场，率先尝试国际贸易开发。经过26年的积淀，分公司的新产品开发、持续改进项目管理、绩效考评管理、成本管理、现场6S管理、自销体系管理等方面都独具特色，颇有成效，一批可复制、可推广的创新成果，正进入更大面积的试验操作层面。

“千磨万击还坚劲，任尔东西南北风。”上海分公司一直没有放弃在民品应用市场的探索和开发，而每一次新的民品应用的开发都支撑着其经营规模迈上一个新的台阶。从最初的不锈钢水管、风机盘管软接头到后来的室内燃气系列软管、各类空调软管、冷凝热水器用波纹管，“立足配套、做强主业、树立品牌、走向世界”的业务方针，指引着上海分公司成功摸索出一套符合自身特色的自销模式，并成为其民品开发能够成功的重要保障。正是因为多年的坚持，上海分公司民品目前在室内燃气行业均处于国内领先地位，并且已经成功地进入了国际市场，2008年，上海分公司成功地成为世界五百强企业英格索兰的合格供应商，合作至今。连续数年成功入围港华燃气、华润燃气、中国燃气、广州燃气、上海燃气等国内规模燃气集团合格供应商名录。

道路是探索者的战场，脚印是开拓者的勋章；探索者的前面总是充满坎坷，开拓者的身后却总是鲜花争艳。2015年上海分公司在业内率先将精益生产的先进理念引入燃气制造过程，建立了行业内第一条燃气管生产线，生产效率提升30%，车间库存减少60%以上，产品交付周期缩短50%以上，燃气管产品质量和生产现场管理得到了较大提升，增强了价值创造能力，最终实现了两化融合的战略落地。

在创业的路上，奋勇争先、持续创新是上海分公司不断持续向前的动力。

攻坚克难 创新发展

26 年来，上海分公司经营规模总量从 800 万元增长到 2 亿 5 000 万元，增长了 30 多倍，从创业到现阶段，面临一些“屋顶效应”。在新的起点上“再出发”，上海分公司又该如何攻坚克难、砥砺前行，不断攀登新的高峰呢？

随着《中国制造 2025》的审议通过，国家两化融合政策的出台，制造型企业的转型升级有了更高的要求。中国航天科工集团有限公司以建成国际一流航天防务公司为目标，面对智能经济时代传统制造业转型升级的新要求，积极贯彻落实国家战略部署、大力推进智能制造技术应用及产业化发展、助力我国制造强国目标的实

现。目前，上海分公司选择顺应时代潮流、跟上时代步伐，进行技术创新、商业模式创新和管理创新“三创新”；在企业转型和产品升级上下工夫、做探索，站在引领行业标杆的高度来审视、来谋划；制定燃气产品一揽子智能产线装备规划，计划建设分公司级双创中心，建立国内首个小口径波纹管产学研基地，把其打造为华东地区专业的精益道场；开发了家庭燃气专业安装预约APP平台，形成特有的商业创新模式；一直在研究和开发节能环保、轨道交通、海外高端配套等新兴市场，希望能够再培育几个具有产业规模的产品系列，解决其产业多元化发展的瓶颈问题……

时代的潮流浩浩荡荡，滚滚向前，未来5年，上海分公司将以两化融合为主线，形成数字化研发、自动化制造及信息化检测能力，以“高端”集成“服务”为转型方向。

奋斗青春　绽放色彩

历史从不眷顾因循守旧、满足现状者，机遇属于勇于创新、永不自满者。与第一批浦东波纹管公司的筹建、开发和建设者相比，现在的员工大多算是后来者，企业正在不断地推陈出新，补充了很多新鲜的血液，整个企业充满生机、朝气蓬勃。

牢记职责，是青春最美丽的初心；勤学苦练，是青春最动人的姿态；“劈波斩浪”，是青春最华丽的自信。进厂时懵懂的青年员工，逐渐成长为各专业的骨干，时间让年轻的梦愈加茁壮，让平凡的身影勾画出不平凡的轮廓。

上海分公司确立将创新作为驱动企业持续发展新动力，青年员工——刘永，勇于担当，组建了“精密波纹管制造技术创新团队”。他带头进行工艺创新，迎难而上，沉着应对，一头扎进装备智能化升级改造和双创团队的建设中。“在工作8小时内，他不仅精耕细作，尽心尽力履行好岗位上每一项工作职责，在8小时外，他还自加压力，通过各种途径去搜集、整理、分析碎片化的信息、资料，积极投身工艺创新工作。”“他像《战狼2》里的冷锋那样，排除干扰不忘初心”，看着他投入地工作，同事这样评价他。皇天不负有心人，2017年，他研究的“高频在线热处理技术”，大幅提高了波纹管的弯曲疲劳性能，同时推动了上海分公司智能产线的进程；他对落后的成型设备进行智能化改造，设备故障率降低80%以上，新增产能30万米。“累并快乐地成长着”，这是刘永对他所热爱的工艺装备研究工作的体会，刻苦的钻研过程带给他的不仅是工作能力的成长，更是人生心智的成熟。

焊接，这个普遍被认为是装备制造业中不可或缺的“男人的行当”，上海分公司唯一的一名女焊工——付水芳，一干就是5年。焊接工种的特点是易学不易精，要想学好电焊技术，没点儿韧劲，不下点儿苦功夫可不行。这对于过去从事包装工作的她来说，当时感到很有压力。为让自己快速地掌握焊接技术，她鼓励自己要打一场硬仗，而且必须要打赢。因为她深知，不经一番寒彻骨，哪得梅花扑鼻香。也正是从那时起，白天，一身厚厚的工作服，一副面罩，就成了付水芳的全部“武器”。为了不断提高焊接技术，她要求自己认真对待每一次的焊接任务，虚心向同行请教，在摸索中找“感觉”。晚上，她利用休息时间学习《焊工手册》《焊工培训教材》等专业书籍，积累丰富的焊接理论知识。也正因为这样无怨无悔的付出和努力，付水芳很快从一名学徒成长为熟练工，并在2016年通过了公司组织的职业技能鉴定，并取得了国家电焊工五级证书。

和刘永、付水芳一样，从祖国四面八方来的年轻人，在人生最灿烂的岁月，他们远离故土和亲人，靠着苦读出身，凭着专业立足，在这个陌生的城市里奋斗耕耘、成家立业，付出了多少艰辛和汗水。

“念时方有为，众智各驰骋。”上海分公司塑造的包容性行为准则和文化内涵把所有员工紧密地凝聚在一起，工作中有形影不离的东征西战，也有闪耀着智慧之光的脑力震荡；有心领神会的默契，也有莫衷一是的争论。

“积力之所举，则无不胜也；众智之所为，则无不成也。”高手在民间，其中不乏足智多谋的“诸葛亮”，不乏博学多闻的才俊，更不乏“接地气”的良策，下班后，还有“上波新家”微信群上五花八门的建议。从中我们都能感受到员工的参与热情和创业激情，同时来自员工的巨大的积极性、主动性、创造性，汇聚成“再出发”的蓬勃的创造活力。

由青年员工主导的基于RS485波纹管成型联动矢量控制系统项目，获得航天晨光股份有限公司“四个两”项目一等奖。由团员青年参与的“快装式燃气输送管道”获得航天晨光股份有限公司科技进步奖二等奖，“波纹管精密成型技术攻关”获得航天晨光股份有限公司科技进步奖三等奖，青年员工也多次在“创新杯优秀文章”评选中获奖。同时，上海分公司2017年还获得航天晨光股份有限公司“五小”成果一个一等奖和一个三等奖。

“成为国内一流、国际知名的小口径软管制造服务商”不在远方，恰在你我他的奋斗中。

健康医路“航天”品质

——湖南航天医院沐浴改革开放春风

周　婕　石　徽

1978年12月，中国开始实行对内改革、对外开放的政策。改革开放的春风吹到了湖南偏远的邵阳隆回县，当时还是支援国家三线建设医疗保障服务的小小门诊部，在改革开放的第二年迎来了从50张床位到400张床位的首次规模扩张，并在短短的几年时间内建设发展成为邵阳地区第二大医院，在改革开放的40年之际，这所脱胎于军工职工医院的二级甲等综合医院——湖南航天医院，肩负着新时代“健康中国”战略的使命与责任，以“航天”品质“医”路担当在“大健康”的征途上，前进中坚韧信念，奋进中坚定步伐。

没有条件就创造条件，办法总比困难多

20世纪70年代，国家进行大规模的三线建设，1970年10月，随着068工程指挥部整体移防至湖南省隆回县，为保障奋斗在三线建设职工的健康，组成068工程指挥门诊部，此为湖南航天医院之始。因无固定驻地，配套设备不齐全、条件简陋，其仅开设急诊和简易综合门诊，设置3～5间病房，床位不到50张。

虽然湖南航天医院规模小，但医疗需求大。那时的湖南航天医院没有心电监护仪，但医生必须时时掌控儿科孩子们的生命体征、病情变化，在数个寒冬夜里，罗玉贵医生只能俯身听着孩子们的心跳。冬天过去了，病重的孩子们转危为安，罗医生的腰却直不起来了，可她面对患者和事业，得失无悔。没有条件就创造条件，办法

总比困难多，第一代航医人在艰苦的环境里与大山里的隆回县人民共同进退，携手度过艰难岁月。

人民的医院，为人民服务

随着改革开放的号角声日益强劲，湖南航天医院走上了改革发展的征程。1979 年 11 月，068 基地门诊部与 812 筹建处合并组建第七机械工业部第 722 医院（2002 年经中国航天科工集团公司、湖南省卫生厅批复同意更名为湖南航天医院），占地 336 亩，医疗建筑面积 18 109 平方米，编制床位 400 张，职工近 400 人。在改善医疗环境的同时，医院党政领导抓医疗让患者安心治病，抓生活让职工安居乐业，新的环境和更为优质的医疗服务，做保障群众健康安全的坚实后盾，掀开发展新篇章。

1985 年隆回县某煤矿瓦斯爆炸，30 多名矿工被烧伤、炸伤，送至医院。当时外科仅有 5 位医师、9 名护士，但包括事故患者在内，却有 70 余名患者。床位不够怎么办？加床！20 多米的走廊上，临时床位连成一片。为守护这些病员，医生们连续工作三天，做了

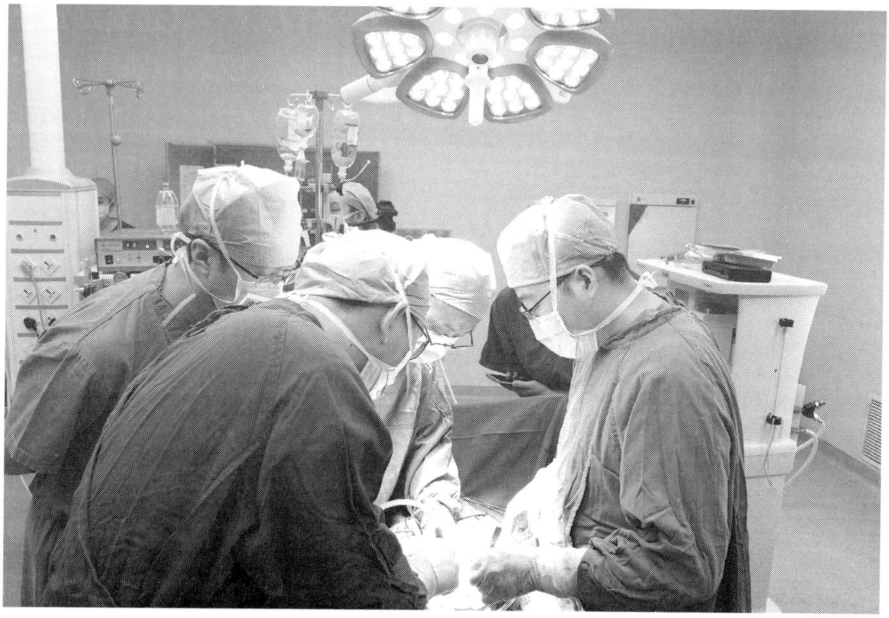

几十台手术，外科全体医护人员一个星期都没能回家。全院上下齐心，各科室抽调护士火线支援，食堂工作人员将饭菜送往病房。艰难奋战，一个月后，伤员全部康复出院。

也是在1985年，带着对家的思念，刚毕业的护士黄海燕来到了722医院，她回忆说：“当时医疗设备简陋，棉签、棉球、纱布都是护士利用上班间隙做好送到供应室消毒。科室病人多的时候有50个左右，而全科护士没有超过10个人，除了给患者打针输液外，还要负责扎针灸、电推拿、贴穴位等中医理疗……每天的工作忙忙碌碌，却没有人抱怨。”条件依旧艰难，但大家的内心却是充实、富足的，因为有人民群众的肯定和支持，隆回县的百姓们都知道大山脚下的722医院，邵阳地区知名医院名副其实。

艰难困苦，齐心前行

1984年，国务院对三线建设布局调整方针，068基地由山沟整体搬迁长沙，而最初该医院并不在调整的范围之列。068基地整体搬迁给其带来了诸多难题，牵涉到每一个家庭、每一位职工，给湖南航天医院的运营管理带来史无前例的巨大挑战。在既没计划又没资金的情况下，全院上下一条心，搬！战长沙！为筹集建设资金，湖南航天医院大刀阔斧实行改革，第一步便将三年事业费全部投入建设，为了养活自己，开源节流，临床医生、放射科B超室医生带着设备下乡为老百姓看病、做检查，实行经济责任承包制，量化医疗技术指标和考核指标，调整奖金分配方案，激发医务人员积极性。全院职工把个人前途和医院的命运紧紧结合在一起，以坚如磐石的团队精神支撑着医院度过困难时期。湖南航天医院为搬迁长沙而艰难奋斗改革的魄力与故事，一度得到了国务院三线调整办及航天部的表扬。

风雨过后不一定就是彩虹，搬迁长沙后的湖南航天医院却遇到了更大的难题，不论是医疗设备还是医疗技术，远远不如省会长沙的其他医院，不仅发展遇到瓶颈，就连生存都困难。时不我待，再改！1997 年，湖南航天医院领导从改革入手，向内部体制、发展模式大刀阔斧破除现状，严格管理，节俭办院，精简机构和人员，实行定编定岗，调整干部，减员分流；实行了低职高聘和高职低聘，打破档案工资，按职称和工作性质实行内部分配方案，向一线技术骨干倾斜，体现多劳多得、优劳优得的奖励机制，调动职工的积极性。当时包括朱美春老师在内的一大批职工支持湖南航天医院改革发展，选择停薪留职、外出打工，她回忆说："在外的 10 多年中，我像一只风筝，在空中飘浮着，而连着我这风筝的线是航天、航天医院。"在全院职工的理解、支持与配合下，各项改革措施铿锵有力地执行到位，经过 8 年改革，湖南航天医院步入健康发展的道路。

梦想起航，用心筑爱

医疗技术是医院的立院之本，医疗质量是医院的生命线。在国

家新一轮医改中，为力争在“十二五”末期建设成为在本地区有较大影响力、较强竞争力、专科特色突出的三级综合性医院，湖南航天医院相继启动了住院楼、后勤综合楼、门诊外科大楼等建设项目，迈出规模快速扩张第一步。面对新医改提出的时代命题，湖南航天医院以“为百姓提供优质、便捷的健康服务”为愿景，重品质内涵建设，以新技术新业务的开展作为打造医院核心竞争力的重要手段，培养和引进掌握学科核心技术和引领学科发展方向的专科人才，开展近百项新医疗技术项目，形成以骨科、妇儿、急诊、心血管等明显的专科优势，赢得了快速发展先机。湖南航天医院文化设计师介绍：“湖南航天医院 logo 的设计从‘心’出发，既体现了航天科技的快速轨道，红十字精神嵌顿了医院凤凰涅槃的历史底蕴。”航天大情怀，行业小人物，“优秀医生”“优秀护士”“诚信好病人”“感动航天科工人物”“长沙市最美护士”“长沙市最美志愿者”纷纷落户湖南航天医院，每一位航医人坚守爱的承诺，将“尊重生命，用爱护航”服务理念践行在每一天的日常工作中，以高质量的医疗服务、便捷优化的服务流程和贴心的人文关怀，备受一方百姓信赖。

健康中国，航天品质铸就新起点

改革进入攻坚期和深水区，为积极响应国家“健康中国”战略号召，湖南航天医院“十三五”规划“建设百姓信赖、员工满意、社会认同的健康服务平台”，延伸出医院全方位、全周期的健康管理服务。狠抓机遇，充分准备；优势整合，积极参与；勇于担当，作用发挥，对内强重点、育特色、补短板、重协同、建平台，学科建设提质增效，全面推进优质护理服务工程，专科护理树品牌、重担当，湖南航天医院人满怀信心，全力以赴圆梦二甲。

2016 年，湖南航天医院以人事分配制度改革为切入点，再次走在了医改前列，以转换用人机制和优化用人制度为核心，以定岗定编的岗位管理、薪酬体系重新设计、绩效考核方案的再优化为重点，历经 3 年时间，建立权责清晰、分类科学、机制灵活、监管有力、激励有效的人事管理制度。

立足当下、展望未来，2018 年湖南航天医院以高端健康管理中心和康复养老中心为新起点，全方位高质量引领湖南航天医院健康产业新发展，将医疗资源与社会资源相结合，实现社会效益最大化，让管慢病、防大病、治未病的健康管理理念真正落到实处，提升群众身体的健康状况和个人的健康素养，满足人民群众日益增长的多层次、多样化的健康服务需求。

改革开放的 40 年里，湖南航天医院将“特别能吃苦，特别能战斗，特别能攻关，特别能奉献”的载人航天精神融于每一位航医人的骨血之中，同改革、共发展，始终奋斗在医疗事业建设发展的最前线。而今，新的时代对我们也提出了更高的要求，健康大业不可仓促，发展之功当累日月，“航天”二字不仅代表着高科技，同时也代表着高品质。在医疗环境大幅改善、硬件设施高速发展的同时，湖南航天医院将以更强烈的责任心与使命感潜心打造“航天品质”，大力推进医德医风建设，将打造让国家放心，让群众安心的健康产业作为目标，砥砺奋进新征程，继往开来新时代，为实现“健康中国”战略、贯彻医疗体制改革奋勇前行。

从河南航天豫南发展变迁看改革开放40年

黄　楠　朱　莉　樊园楠

20世纪60年代末，一批从祖国四面八方抽调的航天青年，毅然离开原来工作、生活的地方，来到偏僻荒凉的豫南平原，开始了一段轰轰烈烈的五七干校岁月。也正是原七机部一院、二院五七干校的成立，让广袤的豫南大地燃起了航天的星火。

忆当年　难忘五七干校燃情岁月

1969年，国家为筹建五七干校，倾注了大量人力、物力、财力。豫南大地物资相对丰饶，国家对五七干校建设的配套也较为完善。

原七机部一院、二院五七干校就如同一个小社会，拥有学校、医院、面粉厂、电影院、养殖场、榨油厂、工业连、农业连等机构，基本实现了工业、农业、林业、牧业、副业的全面发展。但在当年的经济条件下，做到自给自足让那么多人能吃饱饭，也是相当困难。天天蹲在田间地头吃杂粮饭、啃红薯干，成为许多当年五七干校学员的独特记忆。

1979年，五七干校停办后，绝大多数人选择回到城市，也有部分人留下来安家落户。留下的人就利用原有的土地、设备组建了农工联合生产基地。随着改革的春风吹进家园，市场经济的不断发展及主辅分离、做大做强精神的指引，原一院五七干校的农机修理车间扩建成立了国营693厂，形成规模后搬迁至驻马店，如今已发展成为产值几个亿的知名企业。2000年，原二院五七干校机械修理车间（即现在的 695 厂）搬迁至郑州，也成为河南航天旗帜上一颗明亮的新星。

怀初心　坚定不移绘制蓝图

随着两个工业项目的先后迁移，曾在计划经济时期一度繁荣的豫南基地，陷入了主业不突出的困境。在艰苦奋斗、顽强拼搏的燃情岁月里，豫南基地人有过胜利的欢欣，也有过挫折的苦涩。但无论多么艰难，我们从没有忘记自己肩上担当的历史使命，也从来没有想到过放弃。豫南基地如今有了新的厂房、新的设备、新的人才，正迎来新的发展、新的希望。

走进单位厂区，映入眼帘的不再是当年那些低矮的排房、沧桑的红砖水塔及寥寥几棵粗壮的法桐树，一栋崭新的办公楼屹立在如同怀旧电影场景的环境中，格外醒目。

豫南基地拥有土地资源 5 800 余亩，是中国航天科工集团有限公司内部唯一一家从事农业生产、经营、自收自营的企业化管理的

事业单位。在新一届领导班子的带领下，我们凭借自身土地资源，以农业顾稳、产业立本、实体创业、多元经营为发展方向，大力开展特色农产品种植，深化农业合作，盘活资源、拓展业务，积极争取农业项目，描绘出基地3～5年滚动发展规划的美丽蓝图。

展未来 敢于担当砥砺前行

始不垂翅，终能奋翼。2018年是中国改革开放40周年。40年来，中国人民以敢闯敢干的勇气和自我革新的担当，闯出了一条新路、好路，实现了从"赶上新时代"到"引领时代"的伟大跨越。党的十九大已经为我们各项事业指明了前进的方向，"撸起袖子加油干"就是发展航天事业的发令枪，"一张蓝图绘到底"就是建设航天强国的动员令。党的十九大精神鼓足了豫南基地员工的干劲，激发了他们的斗志。根据国内农业现状和单位实际情况，豫南基地在新时代也走出了自身的发展之路。

着力推进民生工程建设。豫南基地为解决职工家属的住房问题、改善职工群众的生活条件，积极推进棚户区改造工作。项目自

2014 年启动以来，依据相关的法律法规、国家政策，在充分沟通、民主决策的基础上有序地推进棚户区改造项目进程，圆豫南基地广大职工的安居梦。

结合国家特色小镇建设政策，深入挖掘，努力打造国防教育、乡村旅游项目。豫南基地以航天记忆、乡村怀旧情结为主线，以大棚采摘园、休闲垂钓农家乐为基础，以五七干校和航天文化为背景，建设正阳县基层锻炼实践教育培训基地，正在努力打造一个集航天文化、教育、旅游、休闲、劳动为一体的现代农业小镇旅游项目。

“潮平两岸阔，风正一帆悬。”

未来，豫南基地将在党的十九大精神的引领下，按照中国航天科工集团有限公司发出的“贯彻落实十九大精神，建设航天强国”的总体要求，深入学习、贯彻、落实党的十九大会议精神，保持高站位、宽视野，以有状态、有激情，高标准、严要求，快节奏、重落实，敢创新、有底线的精神，在河南航天党委的正确领导下，以“守纪律、讲规矩、树正气、谋发展”的工作要求，积极开展商业模式创新、管理模式创新，谋篇布局、强基固本、促进民生、提质增效，为把豫南基地建设成为“航天后花园”“区域明星企业”，为开创企业发展新局面而努力奋斗。

豫南基地史，正是改革开放 40 年来的一个缩影和写照，见证了 40 年渐进式改革开放的伟大转变和历史性成就。这是一片很普通的土地，在绵延千里的中原大地随处可见；这又是一处不平凡的土地，近 50 年来，这里正演绎着一个企业不断攻坚克难、蜕变成长的发展传奇。

身处国际市场　感受改革开放 40 年发展巨变

王晓霞

我从毕业开始从事航天外贸工作 30 多年了，可以说亲身经历和见证了航天外贸事业从小到大、从弱到强的发展历程，而这 30 多年正是我国改革开放的 30 多年，也是中国快速发展的 30 多年，航天外贸事业得益于改革开放的伟大实践，也取得了突飞猛进的发展。

记得改革开放初期，国门刚刚打开，对外贸易也刚刚开展，大家对国际市场知之甚少，对外面的世界充满好奇。尤其是我们刚毕业的一线业务人员甚至连国门都没有出过，一到国外看什么都好奇，甚至到东南亚这些国家都非常羡慕，更别说西方国家了。那时

的外贸队伍整体外语水平、系统营销能力都有欠缺，能够外销的产品数量有限，产品质量和服务水平都与国际水平有较大差距，国际市场适应性不强，我们只能有什么卖什么，推销对象均为第三世界及特定友好国家，航天外贸水平和合作规模都处在摸索起步阶段。

随着改革开放40年的发展，中国各项事业取得了世人瞩目的成就，航天外贸也取得了骄人的成绩和进步。在中国航天科工集团有限公司“总体策划、体系推销、型谱规划、突出重点”的航天外贸发展思路指导下，在中国航天科工集团有限公司强大的技术力量支持下，华腾公司航天外贸队伍以国家整体利益为前提，以产品技术实力为基础，以健康快速发展为目标，以建设国际一流现代服务企业为发展愿景，励精图治，发愤图强。通过市场研判、总体策划、需求引导和竞争分析等，不断做强做大航天外贸，合作伙伴已经扩展到世界60多个国家和地区，并在多个国家和地区设有海外分公司和代表处，初步形成了国际化营销网络。现在我们产品的种类日渐丰富，性能更加先进，型谱更加完善，服务水平更加专业，合作模式也从以前单一的产品销售发展为技术合作、技术转让、联合研

制、工程承包等多种模式相结合的综合贸易模式，外贸规模超过了百亿元人民币。

经过近40年的市场历练和积累提高，华腾公司逐渐培养了一支精通外语外贸、熟悉产品技术、擅长市场营销、能与国际接轨、具有国际视野的高素质的航天外贸专业人才队伍，这支人才队伍成为航天外贸的重要使者，更成为华腾公司国际化业务的主力军。

回顾走过的路程，一步一个脚印融汇着艰苦的付出和成功的喜悦，感慨万千。作为航天外贸人，身处国际市场的前沿阵地，通过外国人眼中不可遮掩的羡慕和尊敬，我们更能直观地感受到祖国改革开放40年取得的伟大成就和发生的巨大变化，感受到我们国家制度的优越，感受到我们人民的伟大和勤劳，更能感受到作为中国人的自豪和尊严。

现在航天外贸已经成为提升国家战略地位的重要抓手、增强国际间交往和友谊的重要桥梁。现在航天产品性能更高、技术质量更好、服务保障更强，为把握航天外贸发展机遇提供了强有力支撑。但是，国际形势的剧烈变化和日益激烈的国内外竞争也对航天外贸提出了更大的挑战，我们还有许多方面需要提高完善，还有更多工作需要扎实推进。

作为中国航天科工集团有限公司国际化经营的主平台、主渠道、主力军，华腾公司正在认真落实中国航天科工集团有限公司“三创新”和“四个化”的要求，积极融入国家“一带一路”建设，助力航天外贸转型升级，为中国航天科工集团有限公司早日建成国际一流航天防务公司贡献力量。我们坚信，在习近平新时代中国特色社会主义思想的指引下，通过锲而不舍的努力和艰苦卓绝的奋斗，我们的中国梦、航天梦一定会实现。